Arthur H. Moehlman著
房漢佳譯

比較教育制度

中華書局印行

雷序

吾人如擬了解一國之教育制度，必先洞達此一國家之民族文化，歷史傳統，以及地理、宗教等因素。惟對於此等因素之了悟，既難週全，又不易窺探眞相，故從事比較研究而能對各個國家之教育予以確切報導之專著，實不多覯。

研究比教教育，旨在經由對各國教育制度之系統的了解，而體認各國人民之民族性及其未來的期望。今日之學校，卽爲未來一代國民典型之塑造者，是研究一國之教育制度，實係了解一國人民及其後代之依據。此種事實之研究與認識，非但裨益本國人民之生存，且爲促進世界和平，消除種族成見之良法。故吾人對於既可造福人羣，復能擴展學術領域之比較教育制度一書，實未可漠視。

當今人類社會，由於變動劇烈，吾人置身其間，深感處境複雜，肆應艱難。故對各國教育發展之評斷，首當注意此等變動不居之因素。蓋社會瞬息萬變，教育設施爲適應社會變動之需要，遂迭加變革。吾人對國教育制度，如稍加涉臘，卽可窺知各國教育制度及其設施，時有變遷，從未間歇。如擬對各國教育制度，作一典範式之敍述，洵非易事；本書却以簡明扼要之手法，論列環球各國之教育制度及其發展趨勢，殊堪稱道。

以往一般貧窮國家或地區之人民，對於個人生活之困苦，多本宿命論者的想法，自嘆命苦，逆來順受；惟近年來此等卑微而馴服的人民，却產生新的希望，對於長期的飢饉與愚昧，不復無條件的容忍，而渴求彼等的子女皆能獲致美好的將來，於是乃要求透過教育，使其子女具有享受美滿生活之機會。故教育機會均等之呼聲，彼起此落，人類希望之轉變，已爲各地普遍之趨勢。

二十世紀以來，政治上最顯著的特色，厥爲世界權力結構之更替，素稱強大的國家，由於戰爭的失利及經濟的萎縮，原有的聲威，喪失殆盡；而若干弱小的國家，在民族自決的前提下，非但參與世界事務，抑且扮演重要角色。非洲及亞洲地區，新興國家獨立的浪潮，日益澎湃，甚至造成世界局勢的緊張，此等緊張的氣氛，固賴睿智果敢的政治家作適切之應付，尤須博愛坦誠的教育家，運用教育力量，謀求世界永久的和平。

民主與極權之對立，已非一日，現今三分之一以上的人類遭受極權的壓迫，即使生活於民主社會中的人民，莫不感受極權思想的威脅，採用武力雖可防阻極權毒氛的侵入，但根治之道，莫如假教育力量，開啓人類的智慧，改善人民的生活，凡有靈性的人類，自當作明智之抉擇。

此外，尚有一種推移歷史軌跡的因素，即是人類智識增長的神速。原本的教育，以發揚固有文化爲職志，其教育過程，力求平衡靜止；現今由於人類智識日增，各類學術領域，逐漸廣濶，嶄新的學科，亦層出不窮。故一般教育設施，則由靜止轉爲機動，無論教育內容或方法，爲適應事實的需要，乃作日新月異之變革。前所未聞的新科目，固相繼開設，機械化及電氣化的設備，更所見皆是。足證人類智識之增長，促使教育內容的豐富，教育方法的革新，進而助長人類智慧的發達，在可見及的將來，人類的文化史，將有嶄新的一頁。

此等因素，固足影響教育而產生實質的變化，惟二十世紀七十年代新教育的本質，往昔之傳統教育思想，仍具有決定作用，其中最要者，卽爲民族主義，英才主義（Elitism），機能主義（Functionalism）及古典主義（Classicism）等數種。民族主義教育論者，強調民族光榮的史蹟，使受教者具有堅定的民族意識，進而建立一種強固的民族信仰與民族統一的屛障。英才主義教育家，每以社會階級爲區分英才之準據，幸運的英才學生，接受學術性的教育，以作高深學術研究之預備；其餘各類學生，或受技術訓練，或修終結課程，以爲日後就業之準備，機能主義的思想家，以爲教育應對社會具有特殊價値之機能而服務；古典主義的教育，側重舊有觀念及古典語文的傳授，藉以保持對往事之記憶，從而維護固有文化之道統。

近年來，我國學術界對於自然科學有日益重視之趨向，卽令自然科學常用之實證方法，亦爲一般學者所樂道。設因過於熱中自然科學，以致抹撥人文及社會科學應有之地位，而使人文及社會科學日趨式微，恐非人類之福。吾人以爲在不使人文及社會科學過份冷落的情況下，提倡自然科學，始爲賢明措施。就學校教育言，科學技術人才，固須大量培育，行政領導幹員，亦應長期訓練。徒有科學，不足以救國，必須頭腦淸晰、幹練有爲的領導人才，對科學成果，作合理之運用，始能增進人類之福祉。

一國之教育制度，與其文化及歷史背景，具有未可分割之關係。倘若對整個文化體系，缺乏透闢之了悟，祇就教育現象，評斷教育制度之優劣，難免流於主觀。做一成功之比較教育學者，除竭力消弭語言、地域及文化歧異之障碍外，尤當本於客觀精神與謙遜態度，對足以影響國家教育制度之一切因素，詳爲研討，並力避傲慢與偏執，務必對一國之教育制度作通盤之了解，切忌斷章取義，妄加評論。如視國力之強弱，肆意褒貶，亦爲智者所不取。

原書作者莫爾滿教授（Prof. Moehlman），先後執教於美國 Michigan, Ohio, Iowa, 及 Texas 等大學，並親往歐、亞、非及南北美各洲，從事教育之實際考察，故所引資料翔實，論斷客觀，允稱佳構。

余與譯者房漢佳君，有師生之誼。房君資質穎慧，好學深思，中英文根底均佳。中小學在砂勝越受華文教育，中學卒業，來臺入國立臺灣師範大學，攻習教育，肄業期間，潛心求學，成績優異，深受師生讚許。師大畢業，返歸僑居地砂勝越，充任中學教務主任；一九六六年獲馬美教育交換委員會（Malaysian-American Commission on Educational Exchange）暨美國富爾布萊特（Fulbright）獎學金，赴美深造，先後入夏威夷（Hawaii）及伊利諾（Illinois）兩大學，研究教育哲學及比較教育，於一九六八年獲夏威夷大學教育碩士學位。嗣應砂勝越師範學院之邀約，擔任中國文學暨教育學講席，並兼中文部主任。本書譯文忠實，用字妥恰，值得一讀，故樂爲之序。

中華民國五十八年十一月一日雷國鼎識於國立臺灣師範大學教育學系系主任辦公室。

目次

第七章　向教育制度挑戰的重大問題

第一章　比較教育制度概說

這本專著，旨在探討某些基本問題，這些問題，對於要了解作爲國家政策工具的教育制度，極爲重要。問題可書之如下：什麼是形成所有教育制度的基本成份和特質的長期因素？這些因素，如何影響在各類文化中教育制度的發展型式？什麼是教育制度發展的主要趨勢？在對付關係人類文化的生存的重大問題上，教育制度的效能究竟如何？

在追究這些問題時，我們可以調查人類文化中，教育所扮演的角色的重要性。當我們改進我們的研究和調查方法之後，我們可以明白，在各類文化中，教育制度的優劣點。

比較教育學的先驅們——康德爾（I. L. Kandel）、史耐德（Friedrich Schneider）、羅希洛（Redro Rossello）、本詹明(Harold Benjamin)、范尼(Leo Fernig)、卡德威(Oliver Caldwell)，及許多其他人士——已揭櫫這些基本問題，並率先探討這些問題。一如他們所預言，研究比較教育制度，需要比較教育專家們，以及其他各有關學術領域，如哲學、歷史學、經濟學、社會學、地理學、統計學、語言學、心理學、法律學和醫學的廣大專家們的合作。

第一章敍述決定教育制度的根本特質的主要因素，及形成一種文化形態的問題，這文化形態的形成問題，對於比較研究從一種制度中產生出的主要教育趨勢，乃是極重要的。第二，第三，第四和第五章，從事個案研究，探討這些長期因素對不同文化中的特殊教育制度所發生的影響，以及討論在發展過程中的種種重大特色。第六章研究教育發展中．其方針、組織，及實施的主要趨勢。第七章考察所有教育制度在長期因素影響下，所面臨的重大問題，這些問題，影響他們教育成長的型式，而必須有效地加以應付。

這本專論的探討方法，是結合對個別文化環境中發展的教育制度的調查，與對教育制度的主要問題的分析，且以此作爲論題與標準。人類學、心理學、法律學、政治學、及歷史學的專家們，在他們所作的比較研究中，已發覺到，分析在一種文化中，其世界性活動或制度的自然生長之重要，也覺察到，分析不同文化中，某一特定普遍活動，如教育及其主要方面之重要。作爲一個學者，政府官員，或普通百姓的研究員，需要運用研究各種文化中的教育演進的比較研究法，和研究表現於不同國家中的教育主要成份之主要趨勢的比較研究。他不可免地要注意類似與相異之類型或形式，這些是比較研究的基本。他不能偏狹、天眞、或盲從。教育是如此深深地嵌入其本土文化的總類型中，它需要我們採取兩種探討方法——文化上的和個別地區上的方法。教育理論上的孤立，會對它的形式和實質，產生表面的，誤導的觀點。

當我們步入人類廣大的前途時，將遇到教育制度比較研究的新境界，需要比較教育專家與其他基本學術專家之間逐步加緊合作。心理學家墨菲（Gardner Murphy）曾經指出，在一個物理學與自然科學迅速推進的時代，我們必須促進我們人類的豐富潛能。當魯斯克（Dean Rusk）在洛克菲勒基金會（Rockerfeller Foundation）主席任上時，他強調從每一個國家的本身文化中，眞正認識到該國的自豪感的根本重要性，這是國際關係的基本因素。人類學家賀爾(Edward T. Hall)曾作出一幅文化地圖，在這幅圖中，學者與政府官員，可以在探討不同文化中的學術、空間、時間，及其他普遍性的長期因素的主要通訊制度的基礎上，分析得國際間的歧異與類同。

教育制度的比較研究，其需要與機會，是豐富而廣泛的，只要我們能記住人類能力的不定性與多樣化的基本重要性。正如懷赫德(Alfred North Whitehead)所說：

當人類停止遊蕩，在生物進化中，他將停止向前。軀體上的遊蕩仍然重要，更重要的是人類的精神冒險的能力——思想的冒險，情感的冒險，美感經驗的冒險。人類社會間的多樣化，對於提供刺激與物質給人類精神作冒險，乃是重要的。

民主要求多樣化，獨裁要求一律。民主需要普及教育，使每個人有平等機會，學習有關他們本身的及世界的廣博眞知，而不是極權主義所准許的狹隘的途徑，和它那值得懷疑的歷史發展必然性的假設。愛因斯坦(Albert Einstein)正考慮到這些事情與英才論，當時他這樣寫道：「將知識本體局限於一小部分，會窒息一個民族的哲學思想，而導致精神上的貧乏。」他淸楚認識到，極權主義的教育對於人類廣大知識所產生的危險，及它那導向表面化與謬誤的趨向。

所有教育制度，均有其價值。聰明的教育制度比較研究，能促進國際了解，世界和平，及互相協助，這對於抗拒人類長期頑敵：疾病、匱乏、災難、無知與戰爭，是極重要的。

國家需要面對由長期因素諸如宗教、藝術、哲學、技術與政治等影響而來的道德、信仰、美感、實用、冒險與和平、自由與紀律等重大問題。如果教育制度要能有效地應付這些重大問題，則科學的人文主義與文化的相對論觀點，乃是必不可少者。

界說與發展

研究比較教育的正當理由，可由下面所引的兩句話來說明：「了解你自己，並將你自己與別人作比較(To know thyself, compare thyself to others)」(大西達：Tacitus) 及「那些忘却他們的過去的人，會被定罪以重蹈覆轍 (Those who forget their past are condemned to repeat it.)」(山大雅那：Santayana)。這本比較教育制度的專論，即是建立於這些論題上。我們必須設計與運用一種理論上的常模，作爲系統的比較分析，研究現代教育的類型的趨勢，以及長期因素：如倫理、美感、科學、技術、社會、政治、與經濟等形成歷史教育制度的長期因素的影響力。研究教育的現代類型，是極重要的，但必須避免一種天眞的經驗論，這種天眞的經驗論，忽視了文明的連續性，以及它對價值的尋求，這價值，乃是對它本身生存與進步不可缺少者。

教育可以稱爲一種終身的受指導的學習的社會歷程，它能使個人與社會，應用過去的文化遺產，有效地實施現在的制度，並睿智地爲未來而計劃和發明。今天，青年人必須受教育，以應付將來會來臨的，不可測知的景況。伍德女士(Barbara Ward)在她的論文「一種新經濟策略」(A New Economic Strategy)中堅持說，西方的民主世界，必須認識到，他們是生活在一個革命的世界中。她宣稱，我們面臨：

一個充滿着暴力、巨刼，和深入的革命的世界，假如人們只依賴風平浪靜時所用的航行圖，那麼整個人類社會，會遭沉沒。只有接受這個事實，西方強國才能平安渡過風暴。因爲目前就有風暴。讓我們先觀察現代革命的幅面；也許我們說是五六種革命，會更正確，所有這些革命，正在地球上同時進行。科學革命，工業革命，技術革命，民族與平民革命——在大西洋區開始而現在已多少受到控制——正劇烈地在其他各處發生。

這些革命，已因教育而加速進行。

評斷教育在文明中所扮演的角色時，我們必須認識到一種衝突，那就是維護過去規定的廣泛文化傳統，與勇敢地面對現在和未來的挑戰而要加以變更這兩者之間的衝突。懷赫德 (Alfred North Whitehead)這樣說：

社會學說的第一步，是要認識到，文明的重大進步，不過是破壞它們所由生的社會的過程……——一如將箭置於一個嬰孩手中。自由社會之計策，包括第一，維護規章；其次，勇於改變，使到規章能爲滿足開明的理智這目標而服務。那些社會，不能協調尊敬規章與改革自由兩者，最終一定或從無政府狀態腐敗下去，或因受無用之傳統的桎梏，而使到一個生命萎縮，從而腐朽下去。

教育被視爲一個整體，不單是一種有系統的個體和目下實施的一種學科，而且也是一個歷史上的個體。梅耶-阿必奇(Meyer-Abich)教授在他的「生物學之歷史哲學的界說與分類」(Historico-Philosophical Definition and Classification of Biology)的講演中，主張「任何科學（知識的一門），均代表一個歷史時代，依着歷史的發展，而發展其本身……生物學從它的整體來說，不單是一個有系統的個體，同時也是一個歷史的個體。」他繼續指出，一種科學，或一類知識，諸如生物學，或教育，是一種有系統的個體或分類，而對於它的時期或時代，是有實效的——它們是源於過去，而爲未來開創新局面。

因此，我們若想從事教育的比較研究，我們必須有一個理論上的常模——一種形式或形態的法則，使我們能在一種文化結構中，考察其教育，不但作爲現代的有系統的個體來加以考察，但也作爲一個開展中的歷史個體來加以考察。每種文化有其教育發展的自長過程，然而對各種文化，必須作比較研究，以觀其對長期環境因素影響力之反應。

康德爾(Kandel)在他的「比較教育」一書中，提出這樣的基本問題：「什麼是決定教育制度特質的因素?」史耐得(Friedrich Schneider)在他的創造性的經典著作「比較教育」(Triebkräfte der Pädagogik der Völker)中，提出他的重要說明，認爲所有文化中，教育制度的形成因素是：民族性；地理環境（自然環境）；文化與文明（文化環境）；社會階級結構；歷史的發展及命運；政治；外國影響；教育理想的內部演進。

他把科學(或知識)、哲學、經濟學、及宗教包括在文化環境的範圍內。史耐得強調外國以及文化接觸的影響——即是，文化接觸的過程——也強調不受外界刺激的教育本身的自然演進。他的近著Vergleichende Erziehungswissenschaft)（一九六一年出版）加強他的這種比較教育科學的探討方法。史耐得在文化形態學方面，受到史勃朗格（Edward Spranger）的影響，他與康白爾（Compayre）相信「哲學體系的內容，爲教育實施的根據」（"Tout systime philosophique contient en germe une pédagogie spéciale."）

比較形態學

我們怎樣能研究在文明中教育所扮演的角色，作爲普遍性的東西，使到所有其人類活動或制度得以實施？在形態學中，那些因素應該被列入？對於文化環境所帶來的機會與危險，人類採取什麼機變來應付？

下列所舉文化形態學的例子，說明各種敍述在不同文化中普遍性長期因素的方法，這各種文化，是人類所發展以面對生活的挑戰的。

賀斯科威斯（Melwille J. Herskowits）在下列的層次中，簡括了文化的普遍性的各方面：

物質文化與它的職能

技術

經濟

社會制度

社會組織

教育

政治結構

人與宇宙

信仰制度

力量的控制

美感

平面藝術及立體藝術

民間傳說

音樂、戲劇及舞蹈

語言

他假定一個空間與時間的場景，給予任何的物體集團，而指定教育擔任一個普遍性的長期因素，與技術及政治結構同站在相等的地位。

賀爾（Edward T. Hall）在他的「無聲的語言」（The silent Language）一書中，已經描述過普遍性活動或長期因素的實施標準，這些標準，適宜用於文化制度，以作比較研究：

這些標準是可以實施的。那就是，他們是居於對一種文化制度的實際作用的直接觀察，在這裏，乃是指語言。從一種人類文化學的觀點來看，這些標準，是不可動搖的。人類活動，可分爲十種。這些活動，我稱之爲基本通訊制度（Primary Message system）。只有第一種基本通訊制度牽涉到語言。所有其他的基本通訊制度，都是交通程序中的非語言種類的。因爲每一種都牽涉到其他種類，所以我們可以從十種中的任何一種來開始文化研究，而終究不失其爲完整的研究。那基本通訊制度（依據賀爾的形態學）是：

一、互相作用——（語言與交通）
二、團體結合——（政府與政治）
三、生存維持——（經濟與消費）
四、兩性活動——（家庭與社會結構）
五、領土權限——（空間與地理）
六、時間狀態——（時間與歷史）
七、學習活動——（教育與學校）
八、遊戲活動——（藝術與娛樂）
九、保護防衛——（宗教與衛生）
十、開拓利用——（技術與科學）

賀爾創作出一個無價的文化形態學。這文化形態學，在他對人類活動的正式，非正式，及技術方面所作的一般分析時，與敍述普遍人類活動常用的名詞聯繫起來了，這可見諸於上面的括弧中。正如大家可看到的，賀爾把時間及空間包括在他的形態學中，但沒有包括物體種類在內。上面見到的，對研究比較形態學所採用的各種不同方法，說明了選擇一份不偏頗的普遍性活動名表或長期因素名表之困難及重要。

對教育發展過程，採取一種比較的研究方法，可以使我們不只能做到對一種教育制度能量的分析，也可以在一種更有效的理論常模，或體現於長期因素的形態學的基礎上，對它作出更可靠的相關趨勢的分析。例如，早先美國的國防教育法案 (National Defence Education Act) 有一個時期，其政策與實施，乃基於教育趨勢的分析，集中於加速發展科學、數學、外國語言，與對有關研究的輔導。這種估計，並未將發展人類潛能的需要，充分地計算在內，發展人類潛能，要通過其他途徑——例如哲學、歷史、衛生教育等等，而它的解決方法，過於偏狹。讓我們開始來研究選擇長期因素的問題，長期因素的選擇，對於充作有系統的比較分析，乃是不可缺少的。

長期因素

因此，系統地陳述一種理論常模，或文化形態學的根本問題，乃在長期因素之選擇與敍述，這些長期因素在一種文化或一個國家，決定一種教育制度之方針，組織，與實施——即是，效率。然後，這常模可以比較地運用於不同教育制度中。一個適當的常模，須能採取長期因素於教育制度的現代趨向的分析中。這些長期因素，就是人類在環境中遇到阻難和機會的挑戰的應變。這樣的因素，在專門教育學與其他基本學科之間，形成環結。

這種研究方法，應使到教育學系學生，當專心致志於分析現代的及歷史上的特殊教育問題時，在其他學科的同僚協助下，進行探討某些基本的問題。尤有進者，這些長期因素，可以給對教育有興趣的非教育的分析家以一個機會，利用他們的學問，加上他們的研究資料及方法，對教育成長過程的現象，作一般的分析。這種強調教育研究方法與其他學科間的聯繫，能夠在教育的比較研究上，產生更多有用的專業知識的交換。

一種可能的理論常模，用作分析人類教育對其時間、空間及文化環境中所產生的挑戰之反應，包括下列的長期因素：

民族——道德根源，量，質，與人民年齡結構。

空間——空間概念，領土，與自然地理特色。

時間——時間概念，歷史發展，與文化演進。

語言——符號，通訊系統，與觀念思想的交通。

藝術——美學，對美與遊戲的尋求。

哲學——價值選擇，對智慧與美好生活的追求。

宗教——人與宇宙之關係，信仰制度。
社會結構——家庭，親族，性，禮儀，與社會階級。
政治——人類關係之秩序，政府的結構與行使。
經濟——需要之滿足，交換，生產，與消費。
技術——通過機械，技術與人力資源對自然資源之利用。
科學——有關自然與人類方面之知識領域。
衞生——身體的，精神的，及情緒上的健康情形，包括生活功能。
教育——正式與非正式的指導學習的社會歷程。

這些因素，可以被視爲在一個時空連續過程中的「人類之環」(Circle of humanity)，在文化接觸的進程中，經常不變。

這些長期因素的影響力，決定教育的輪廓。從這些因素，我們可以估評一種教育制度，對於重大挑戰的反應之適應與勝任能力。這種因素，有着必然的相消長的比率，各個互相作用，而決定教育的效能。反過來，教育類型改變的內在特質，對於教育所存在的其他長期因素的環境，產生顯著的影響。我們必須從各該學科中，來研究各個因素。

例如，時間與歷史的觀念，曾經是所有文化的基本因素。白林 (Bernard Bailyn) 在他的「教育對美國社會形成之作用」(Education in the Forming of American Society) 一書中，聰明地強調一個

「更廣泛的教育界說及一個不同的歷史關係概念」，藉以了解第一次及基本的，殖民時代結束以前已完成的美國教育的變遷。在白林氏的恰當的話中，這個轉變：

> ……成爲很明顯，如果一個人把教育看成不僅是正式的教育學，而且是各代文化傳遞的整個過程；……如果一個人從教育與社會的其他方面的廣泛關連中去認識教育，和注意它的變動的功能，意義及目的……而且它也變成很明顯，如果一個人假定過去與現在之不同，並非是偶然的，而是必然的。

白林強調，教育，或指導的學習的社會歷程，是一面鏡子，也是一種催化劑：「教育不單是反映與適應社會，一旦形成，它能回頭來，並對社會產生作用。」在殖民時代，美國教育的改變：首先它成爲一種急遽社會改變的工具，「一種強有力的內在速度推進者」，它開啓了個人與集團的活動力，給青年在獲取新理想方面以事前準備的時間，這些新理想，乃是從家庭長輩控制以外的直接教育環境中所獲得者。其次，美國教育在形成個人主義的，獨立的，與進取的國民性及人格方面，扮演了一個主要角色。

當設計以控制環境的工具，在力量及歷練方面得到增進時，環境對一種教育制度所產生的影響力，便會改變。我們的環境的概念，有時稱爲世界觀（Weltbild）。正如費布爾（Lucien Febure）在他的可佩的著作「地理的歷史概論」（A Geographical Introduction to History）一書中指出，在以往，我們也許曾經過份強調山川景象，風，太陽，雨水，植物，和動物對一特定人類文化的直接影響。例如英國和日本，儘管兩國處在歐亞大陸的邊沿而瀕臨大洋，但他們兩國的文化，却走向很不相同的道路。

我們對於我們周圍風景和環境的歷史態度，業已改變。在過去，山川形勢，曾被視爲一種永遠存在的自然資源，而必須加以充份利用，也曾被當作一種敵對的力量，對它展開了適者生存的鬪爭。西爾士 (Paul Sears) 在他的「沙漠在邁進」(Deserts on the March) 一書中指出世界大量土地上被伐去樹林——包括地中海地區土地，中國，以及北美地區——作爲這種破壞趨向的一個例子。現在，大家已經發覺到，對環境採取一種不同觀點，乃是極重要的。任何有機體，毀掉他們的環境，則最終將毀掉他們自己；那些能生存下來的有機體，在創造性地改進他們的環境中合作，以求取他們的相互利益。

教育分析的類型

一種教育類型，組成一種難以分析的複雜的有機體。國際教育局副局長 (Assistant Director of the International Bureau of Education) 羅希洛博士(Dr. Pedro Rossello) 從超過四分之一世紀時間的經驗中，創造了合乎邏輯且實用的一系列的範疇，以比較研究不同文化中的發展趨勢。正如他在第二十一號國際教育發展研究年刊(一九五九年) (The XXI International Study of Educational Progress) (1959)中所說，他的「教育發展的比較研究」(Comparative Study of Educational Progress)曾——逐年——描繪了「教育進展的側影」(Silhouette of Educational Progress)及建議「發展的步調」(The rhythm of development)。他希望能獲致更多測知趨勢的精確工具，然而，正如他說：「歷年來，所獲致的結果，經常不變，已然使人放心與令我們相信，如果有完整的資料，其所得的結果，與現在用適當方法所獲致的結果，在廣大範圍內，將無差別。」羅希洛博士已對每個規定國，做過一些有價值的縱斷面的教育演進的比較。他同意其他研究者，認爲教育發展的主要方面，其重要程，極難以數字形式來評估。

他的教育分析型式，包括下列各主要範疇，以爲趨向之分析：行政，免費強迫教育，初等教育，中等教育，職業教育，高等教育，以及教員。一個國家教育的方針與策略，從這些範疇的分析中，便清楚地表示出來。普通教育哲學，可被增列爲一個範疇，因爲雖然哲學不能以數字來組成，它可以被視作一個價值制度，而關係到更多的量的範疇。

聯合國教科文組織(UNESCO)，對於教育制度的比較研究，已作出許多有價值的貢獻，特別是有關於發展趨勢的分析類型方面。這些已發表於「教育組織與統計之世界手冊」（一九五二年巴黎出版）(World Handbook of Educational Organization and Statistics)(Paris, 1952)；「世界教育調查」（一九五五年巴黎出版）(World Survey of Education)(Paris, 1955)；「世界教育調查，卷二，初等教育（一九五八年巴黎出版）(World Survey of Education)(Paris, 1958)；「世界教育調查，卷三，中等教育」（一九六一年巴黎出版）(World Survey of Education)(Paris, 1961)。所有各卷，均有卓越的篇章，討論教育制度比較說明與統計報告的基本問題，以及對各個國家教育制度與學校名詞字彙的報導。

芬尼(Leo Fernig)、威爾斯(Peter Wells)、與其他聯合國教科文組織的成員，在設計解決歷史調查的比較說明問題上，已表現出極其睿智的創造性才能，叉形圖(Fork Diagrams)表示教育過程的各階段，及學校的種類，統計圖(Statistical Diagrams)說明接受各種教育的人數所佔全人口的巴仙率。最有用處的分析之一，是「世界教育調查」（一九五五年巴黎出版）的第二章，它是一篇傑出的對比較教育家工作的批判。

教育策略與國家形式

一種教育制度，具有一種策略，反映與支持國家形式，國家形式之觀念，與一國或一種文明用以解決其本身重大問題的一般計劃，有着關係。羅斯托（W. W. Rostow）的「美國在世界中的地位」(The United States in the World Arena)一書，是對美國國家形式及其可能的命運的一種有價值的解釋。一種教育策略，必須不斷地努力，以發展一種國家形式，能應付急遽變遷的環境。

一種教育制度，必須對國家生存，提供堅實的步驟。在寫作這本教育制度的比較分析時，我想起我的老師柏金斯(Dexter Perkins)，以及他在他的「平民政府與外交政策」(Popular Government and Foreign Policy)一書中所發表的經驗談：

法國大革命時，一位坦白而機變的法國人，有一次被人詢問，在那些動亂的年頭裏，他幹些什麼。他的回答是：「我活着」。正是這樣。一個政權的第一個考驗，便是它鞏固自身的能力。

美國和其他民主國家已經生存到現在，然而並不能保證它們將繼續生存下去。

文化必須要有一種教育策略，建立起國家形式的能力，以應付直接的災難或潛伏着的衰落的新挑戰。對教育作有系統的比較研究，並與人類發展的其他長期因素連繫起來，可以幫助我們，對我們在教育策略與國家形式方面的成功與失敗，獲得一更鮮明的印像。集體研究的方法，是不可缺少的：比較教育專家，需要教育學其他方面專家的協助——特別是教育歷史家與教育哲學家，他們的研究方法，對比較教育研究的深度與洞察力，作出貢獻。課程與教學法，教材，評斷與測量，行政，以及教育心理學等方面的專家，是系統的比較教育研究的基本顧問。〔見本斯教授著的「教育哲學」，墨林教授著的「教育史」(Philosophy of Education, by Professor Burns, History of Education, by Professor Medlin)，以及這一套叢書中其他專家的著作〕。比較教育需要利用與其他學科的關係，那些學科的知識本體和研究方法，包括文明中其他的長期因素。在 Geisteswissenshaften 的人類學家，地理學家，歷史學家，哲學家，經濟學家，社會學家，政治學家及語言學家對於作爲文明的廣博的傳遞者的教育學，已經而且也將繼續貢獻新的空間領域。

從教育所處在的文化環境中，分析教育制度，包括了研究者自己國家的教育制度與其他國家教育制度的比較。作爲歷史的與系統的本體，來研究外國的教育制度，是不只限於敍述，而包括比較分析。比較教育研究的最大收穫之一，是對各種文化中教育類型的動人的探究，沒有任何人能預言，在人類進行贏取更多自由時，那一種教育策略對人類最爲有用。

在歐洲、亞洲、非洲和美洲文化區的各個國家，對於教育策略，提供有價値的榜樣，大家可以向他們學習。這世界需要教育上的多元主義及有建設性的吸取外來文化。人類文明的多樣性，有助於培養謙恭與愼重份子，希臘人稱之爲 Aidos，這是人類尋找眞理的最基本的東西。如果對傲慢與踞驕不加防止，人類將走向我們時代的最大危險：人們因迷戀於個人和社會的權力而引致全球的覇爭。

第二章　歐洲文化區的教育

歐洲已發展了一個豐富的多樣性的教育與文明。它們曾經是，現在也仍然是對全世界的一個催化劑。歐洲的每一個文化區，對知識的進步和人類幸福，都作出極大的貢獻。它們擴展越過大洋而進入所有大陸。歐洲發動了現代的教育革命：它創設了現代大學，作爲研究與教學的中心，還有中等文法學校，普遍性的初級學校，和幼稚園。每一文化區，創造了它自己本土的教育類型。四種不同的教育制度被選擇來作分析：英國、法國、德國和俄國的教育制度。

英　國

英國與歐洲大陸的天然分離，使它能發展一種特有的文化，從它的教育中，可以顯示出來（從下列新聞標題，可以認識到英國人的思想體制「海峽發生猛烈暴風雨・大陸被隔絕」“STORM RAGES IN CHANNEL・CONTINENT ISOLATED”）。各種長期因素，如何形成英國的教育類型？什麼是此類型的特色，與它能如何善自應付向所有教育制度挑戰的重大問題？某些現代英國人，如史諾（C. P. Snow）、克羅特（Geoffrey Crowther）及傑佛黎（M. V. C. Jeffreys）如何評估他們的教育制度狀態？

某些長期因素，塑造成英國的教育制度。英國人是各個入侵種族混合成的一個民族，最先是伊比利亞人(Iberian)，然後是克勒特人(Celtic)和羅馬人(Roman)，盎格魯——薩克遜人(Anglo-Saxon)和諾曼的法人(Norman French)。正如歷史家特李費遠(Trevelyan)所指出，一〇六六年以前，英國很容易被自下東部和南部的海岸侵入。威爾斯(Wales)、康華爾(Cornwall)和蘇格蘭(Scotland)的崎嶇羣山，依次給較先的伊比利亞人、克勒特人及其他種族作庇護所。它的社會結構，是由一種操薩克遜語人民造成，由操諾曼法語的貴族和操拉丁語的教士所統治。在此島上，沒有一處是離海超過七十哩以上的，一種本土發展起來的文明，其強盛足以阻止以後的入侵，並建立起基地，以擴展自己。語言是一種克勒特、拉丁、條頓(Teutonic)和法語的混合物。它變成越來越有伸縮性和簡明，只有些少的語法變化，而具有豐富的詞彙。

這新興的英語系統的文化，由社會中的優秀份子所統治，他們的地位，建立於擁有土地上。這優秀份子塑造成長期因素，如經濟、技術、政治、哲學、宗教，以及社會結構的發展方向。維廉(William of Wykeham)云：「風度決定一個人。」(Manners Makeyth the man)；而此風度者，乃是一個英國紳士之風：地主，英國國教教徒及「上流人士」(Gentry)的風度。

「府邑」(County)社會起源於中世紀的封建主義。當時對所有服務的基本酬勞是用土地，而普通法(Common law)也是以土地作中心。到了十六世紀，封建主義在消失中，新教(Protestantism)(以新創立的英國國教形式)以利剩便，代之而興。國家沒收以前天主教的產業，將之售賣或給予新擁有人。這些新擁有者，乃給以後各世紀樹立了典型。他們加入擁有土地的貴族，而仿傚他們以前封建時代的前驅。人們以不同形式的財富，提高自己的社會地位，和促成政治上的顯達。他們仿傚府邑社會的風度、教育、娛樂和土地管理方法，不管他們是十七世紀的商業冒險家，十八世紀印度回來的「濶佬」(Nabobs)，或是十九世紀的工業家。土地之擁有及其管理，在此情形之下，造成一個統治階級的社會，開放給有才能的人，培養人們一種社會責任感(Noblesse oblige)。

擁有財產的人，爲英國國教教徒，在清教徒與騎士內戰（Puritan-Cavalier Civil War）之後，他們得以復享國教（Established Church）的特殊地位。英國國教教會（Anglican Communion）的會員資格，乃是到著名「公立」中學和大學（卽是牛津和劍橋）受適當教育，與獲得政府機關，武裝部隊，和政治界職位的關鍵。

英國制的寄宿的拉丁文法學校及牛津和劍橋的舊式學院，確曾栽培了一世紀的天才——十七世紀——如科克（Coke）（普通法律）、牛頓（Newton）（數學與物理）、波義耳（Boyle）（化學）和哈維（Harvey）（醫藥）。然而，到了十九世紀，工業革命和城市化運動，暴露了教育制度的弱點。一八七○年的教育法令（The Education Law of 1870），設立免費的初等學校或寄宿學校，提高識字，並以配合老赫胥黎（Huxley）及其他人士的人道的與科學的要求，他們以爲學校應爲全國人民不分尊卑，提供一道進身之階梯。只有到了一九○二年，英國才有一種中等教育制度，以成績爲基準，向全國所有人民開放。主要法令執行人將優異的新設的免費文法學校，塑造成近似他自己的「公立學校」，設置嚴格的學術課程，許多種類的運動，及道德品質的訓練。〔奇布林（Kipling）在他的短篇小說「灌林童子」(The Brushwood Boy)中，描繪了寄宿的和通學的文法學校的典型)。一九一七年的費希爾法案(The Fisher Act of 1917)，使英國教育更向民主化邁進一步。最後一九四四年的教育法案(Education Act of 1944)，提供教育給英格蘭和威爾斯的全體中學年齡的兒童。

英國教育制度，類型互異，反映出其文化歷史的層次。六年的小學，從五歲開始，到參加具高度選擇性的「十一歲上考試」(11-plux examination)而結束，此考試將考生分成三個主要中學組：文法、技術和現代組。這個制度，最近受到相當大的批評。綜合中學，包括三種課程，已經設立。(它原本是工黨的一個政治目標)。在所有英國學校中，學生依其能力，被分成組，最高兩級，開始專門化——即是十六——十八歲上的學級。

所有英國大學，都是獨立的，爲私人捐助，而由公款支持，此公款由一獨特之團體，大學協款委員會(University Grants Committee)加以分配，此委員會由大學各學院成員組成。政治並不控制高等教育，因而沒有國立大學。牛津和劍橋，仍享有最高聲望，強調各單獨的寄宿學院中的有價値而花錢的導師制度，各學院之間，以一般大學講課，課餘運動，音樂團體，和辯論組織而取得連繫。倫敦大學(The University of London)有着歐洲大學的一些特色。大學普通需要攻讀三年，或以更長的時間，以取得醫科學位。研究極受重視，中等學校最後兩年實施的專門化教學，至此更向前推進一步。

如南恩爵士(Sir Percy Nunn)在他的那本極具影響力的著作「教育之實際與首要原則」(Education, its Data and First Principles）中指出，英國人在他們的教育哲學中，也許只同意一點——即是個人人格必須培養。一些傑出的分析家，讚許英國教育的高度水準，然而懷赫德（Alfred North Whitehead）却說：

> 我自己對我們傳統的教育方法的批評是，它們過份專注於知識的分析，及公式化知識的獲得……在我們的學術工作中，我們太局限於書本上。普通訓練的目標，須是引導出我們的具體理解力，及須滿足青年去從事一些工作的熱望。

傑佛黎教授(Professor M. V. C. Jeffreys)在他的極有意義的教育分析「隔綠看」(Glaucon)中，呼吁實施一種比較更平衡的泛藝教育。克羅特（Geoffrey Crowther）與他的委員會在他們的重要報告第十五至第十八中，建議繼續實施早行專門化，而作某些改進。史諾爵士（Sir C.P. Snow）在他的獨特的分析「兩種文化與科學革命」中指出，不改絃易轍採用一個更廣大的學習制度，以打破大學通過它們對普通教育文憑(General Certificate of Education)（十六歲時）及高級普通教育文憑(Advanced Level G. C. E.)（十八歲時）校外考試的控制而對中等學校課程大綱的影響，却強調早行專門化及只訓練一批人數不多的優秀份子，以應付一種新技術的危險。史諾呼吁對教育採取猛烈的改革，藉以結合傳統的「文藝的」(Literary) 文化及新興的技術的 (Technological) 文化。

詳細研究一九〇二年，一九一三年和一九四四年法案，以及規定社會化衛生、福利、和家庭補助的法令對英國教育逐漸產生的影響，我們可以學到許多東西。英國人已對天才提供越來越多的平等機會，而那高不可攀的統治階級的優秀份子，「達官顯要」(The Establishment)，現在已吸收各階級的天才到他們的隊伍中，包括白衣秀士在內。

英國並不滿足於它的教育策略與國家形式。政府白皮書「中等教育向全民開放：一種新運動」(一九五八年) (Secondary Education for All: A New Drive) (1958) 說明依照能力與傾向的平等受教育的立場，與教育多樣化的價值：

每個家長希望他的孩子受教育，從中他們能得到最大可能的利益，這是完全自然與正當的現象；只有當每間中等學校，不管它是那一類，均能夠依照學生的能力與傾向，給每個學生提供完整的中等教育，那麼家長們對「十一歲上」的焦慮最後才會消除……本國的教育，在很大的程度上，是一系列的地方歷史。個別的學校是應地方的需要而產生，且因地方需要而趨定型。其結果是學校本身與學校所服務的地方組織計劃的多樣化。這多樣化是一個有價值的基礎，在這基礎上，建設未來。政府深信，這方法是計劃得最好的，它可以滿足國家與個別兒童兩者的需要。

一位英國的高級教育官，討論該國將會來臨的事物形態時，最後他這樣說：

我們需要更多和資格更好的教師；我們要更換舊校舍，甚至要比以往更換得更快；我們要保證每個兒童，不論其能力，社會及經濟背景，或他的氣質，都獲得機會，能發揮他自己至他的才能和忍耐所許可的最大限度；我們要保證學校課程適當地配合一個工業的和科學的社會；我們要大力擴展高等教育的機會；尤其重要的是，我們要使地方稅和國稅的納稅人(他們是一切進步的最後依傍)認識到，假如我們要取得這些對一個現代社會極重要的東西，他們必須掏腰包掏得相當深。

高等教育委員會的工作，只是英國人向前接受新挑戰的例證之一。

法國

法國的文化與教育，代表一種條頓族的北方與拉丁族的南方的最佳創造性的混合。法國人重視精神與智慧的完整的個體(honnête homme)，這種人被視爲一切東西的準繩，通過一般文化陶冶的教育(culture générale)，能應付一切的挑戰。法國學校強調應用個人的感受性與智力，作爲人類生活的準則與均衡的手段。他們反對過早分化所造成的一個人的支離破碎的知識。法國人說：「世界需要各種各樣的人。」("il faut de tout pour faire un monde")

法國國內有着各種類型的氣候，從布列登尼(Brittany)的多石的半島與多沙海灘的寒冷北大西洋氣候，到南部海岸的蘭格多(Languedoc)與布羅溫斯(Provence)的地中海型氣候，還有迤邐至東，山頭積雪的阿爾卑斯山(Alps)。在四千五百萬有奇的法國人民中，其歧異情形，正如他們的地理形勢，從高大金髮的諾曼人(Normans)到粗壯黝黑的拉丁人(Latins)皆有。法國比英國大了兩倍多，在人口大量集中的都市，有各種不同的大工業。大約有三分一的人口，住在小型的混合農莊裏。他們以眞情從事耕種他們的土地、生產果類、穀類、酒類、乳酪和乳類產品，沿海有廣大的漁業。

法國的文化與教育，產生出偉大的藝術家，例如多米爾（Daumier）、舍贊（Cézanne）、摩內（Monet）和羅丹（Rodin）；哲學家如蒙泰納（Montaigne）、盧騷（Rousseau）和柏格森（Bergson）；還有藝術家、作家、劇作家，如摩利爾（Moliere）、雨果（Victor Hugo）、巴爾札克（Balzac）和羅斯丹（Rostand）。法國人在技術與科學方面，一直是非常傑出。拉瓦節（Lavoisier）、巴斯特（Pasteur）及柏克勒爾（Becquerel）是法國人中，對科學有貢獻的代表者。還有工程師艾斐爾（Eiffel），（關於他，今天的法國兒童，仍有這樣的一首歌謠：「艾斐爾塔，高九百呎。」（"La Tour Eiffel a trios cent metres."）工程師科布節（Corbusier）與現代加強混凝土的發明人蒙尼爾（Monier）。

在世界文化中起領導作用的法國天才，其主要基礎是建立在一種獨特的教育發展上。法國的教育策略，包括第一，迅速擴充初等教育，使得人人識字，能眞正思考與對完整的生活（culture générale）有一個基本上的了解；其次，是高度競爭性的中等教育，使眞正有天份的人，能有機會脫穎而出，充份利用他們的才能。這個教育制度曾對很多國家，從美國的一些地區，到土耳其、波斯、日本，和二十世紀一些發展中的國家，具有吸引力，法國人是如何發展這有效力的教育策略呢？

社會的、經濟的，和其他的長期因素，對法國的獨特的教育發展，具有貢獻。在開始時，教會和宗教階層，對於教育發展作出偉大的貢獻，正如後來的革命知識份子或哲學家（Philosophes）。到了十三世紀，巴黎大學（University of Paris）已自教會學校發展起來。醫學、神學、法律、文學與理科等大學院已組成，並發給文憑，准許文憑擁有者執教和開業。巴黎大學不單培養了教授團，而且也培養了具有重要意義的煩瑣哲學（Scholastic philosophy），在阿奎那（Thomas Aquinas）領導下，達到高峯。它是現代大學的典範，而且是一個重要的知識的發明，使到歐洲在科學方面，對整個世界，處於領導地位。巴黎大學在教學和學習上，提供了一個實驗場所，而給現代法國的教育方法，奠下基礎。諸如阿畢拉（Abélard）創造了著名的 Sic et non 辯證分析法，以敍述問題；中古時代的教師，也採用 quod libet 方法。講授方法，已臻完善，它提出廣博的分析和調查，最後是課文闡述（explication de texte），對於一個特定的論說，從各方面加以分析。這些教育方法，加上堅持經常寫作分析性論文，是法國教育達到高度水準的基本原因。巴黎大學爲整個歐洲所模仿，構成歐洲在所有文化領域中成爲先驅的基礎。同時，各個不同的宗教階層，也正設立初等和中等學校，不單着重古典語文，也着重極有用途的數學，在當時發展商業上，是非常重要。

在十六世紀，蒙泰納（Montaigne）寫作他的著名論文。許多法國人認爲他的教育論文，是任何博洽的教育哲學的基本：「受過良好訓練的頭腦，勝過一個只是塡滿事實的頭腦。」（“la tête bien faite vaut mieux que la tête trop pleine.”）在十八世紀，法國大革命的領袖們深信，教會管理是基本上敵視新共和的。一個反對任何教會對教育和政府的控制的大鬪爭，於是展開。孔多塞（Condorcet）寫下他對普遍教育的卓著計劃，而新共和政府乃進行設立一種「免費的、公立的、和世俗化的」(gratuite, publique, laique)初等教育。伏爾泰也進行反對教會對教育的控制。盧騷(Rousseau)主張一種新教育，強調遊戲所扮演的角色，接近自然，以及——尤其是——培養兒童的自然生長，而非訓練兒童成爲小成人。盧騷的教育論著，影響了整個世界。

大革命前，十八世紀的哲學家，接受了英國的個人獨立自主的理想，並將之轉變成一系列的政治宣言，包括這樣的理想：認爲教育必須平等地使每個人有機會接受，使到他們能憑其才能而穎脫，而非靠其家庭聲望或宗教信仰。在十九世紀，拿破崙（Napolean）樹立了現代法國教育的典型。他原是一個老百姓，經過軍隊的競爭的紀律訓練，而成爲最高領袖。尤其是，他需要一批有能力，受過訓練的優秀份子，如領導人、行政人員、政府和軍隊中的官員。一八〇八年，他頒布法令，建立了法國教育的基本組織。他集中注意力於促進中等學校制度與大學，而大體上將初等教育交予宗教階層。因爲他是一名優秀軍人，他希望能確保他的優秀份子能在相同的方法和嚴格的規律下，平等地受到良好訓練，以成績作標準，來選拔和升級學生。他建立起現代國立中學（lycées），這種中學有一嚴格的制度，極似軍營的組織。該種規律的痕跡，仍保留至今。後來多米爾（Daumier）作成「兩人一排」（"two by two"）的漫畫，那幾乎是國立中學的軍事野操。

普法戰爭（Franco–Prussian War）使法人相信，他們必須改進其教育制度，以及他們生活方式的其他方面。在一八八一年，經過一些爭執後，共和國全部稅收的六分之一，被撥給公共教育。在此時期，初等和中等兩種學校的課程和方法，均得到改進。十九世紀最偉大的歷史家之一的邁可列（Mic-kelet），對教育和政府，作了一個聰明和睿敏的觀察，他的話今天尤見有效：「政府的首要任務是什麼？是教育，其次呢？是教育。再其次呢？是教育。」

普遍的初等教育，和選拔的中等及高等教育的雙軌制，繼續在法國發展。法國的縣份（departements）組成十六個教育區（académies），每區有一大學，大學校長（recteur）管理自大學下迄小學的一切教育，至是由縣長(departement's prefect)接管。縣長本身仍須通過校長，向在巴黎的教育部長負責。宗教界的與反宗教的人士均同意，學校是要訓練思想與知慧。法國人相信一般文化陶冶（culture générale）的力量，這種一般文化陶冶，乃建立於在重要思想和著作上，來訓練知慧。

學生在小學或初等學校就讀五年之後，於十一歲時，被選拔進入國立中學（lycées）和相似的市立中學（Colléges）。公立學校（école communale）包括八年的強迫初等教育。在中等教育階段，經過七年極艱難的苦讀，學習古典語與現代語，科學與數學，及歷史與社會科學等基本學科之後，便可參加學士學位（baccalaureat）考試。學士學位考試，由該區大學舉辦，分成兩部份，這是非常艱難的校外考試。成功地通過學士學位考試，學生便可進入大學或高等專業學校（grandes écoles）。法國高等教育的特色，是把擁有傳統大學院的大學，與高等專業學校（高等專業學校是完全與大學一般難念與享有聲望）分開。高等專業學校專門注重專業，如工程、公共行政、及教育，而大學則着重較傳統的學術。（在美國，我們的傾向是把兩者聯合起來。）工程的工藝學校(École Polytechnique)及高等師範教育的高等師範學校（École Normale Supérieure）享有廣泛的聲譽。法國的雙軌制，目標在培養一般受有良好教育的公民，及一批有能力的專業英才，實施成績極佳，而為全世界所倣傚；但某些困難和爭論，已越來越麻煩。

太少鄉區的、農民的、及工人階級的學生進入中等與高等學校受教育。第一次世界大戰後，法國人開始採取明確步驟，以終止繼起的人才的損失。顯然地，在十一歲時選拔學生進入中等學校，對學生未來的才能及事業，未能作正確的判斷：許多兒童成熟得比別的遲緩。同時，對技術訓練及職業教育的需要，也未充份注意。實施教育單軌制(école unique)的運動於是產生。各種委員會，其中之一是一九四六——四七年之郎之汶委員會(Langevin Committee of 1946-47)，作出建議，導致朝向教育的單軌制，並准許法國青年在知慧訓練之外，尚能由他途上進。一九四六——四七年郎之汶委員會，導致設置補充課程(cours complementaires)，准許並鼓勵卽使在十一歲上的有能力學生，從公立學校(école communale)或八年制公立初等學校轉入國立中學進而念完大學。此外，並設立藝徒中心(centres d'apprentissage)，這種藝徒中心，將各種手藝訓練與一種極佳之學術訓練聯合起來。

設於色佛爾(Sèvres)的「國際教育研究中心」(Centre International des Études Pedagogiques)在哈丁奎愛(Edith Hatinguais)及她同僚的能幹的領導下，倡導一種前進的教育方式，它是各階段教育的實驗中心，從幼稚園(Jardin des Enfants)經初等到中等學校，而且都是男女同校。其他實驗國立中學，也在不同點上，進行實驗。在法國的許多地方，進行新學級(classes nouvelles)的實驗，朝向拓廣課程內容，包括了鄉土研究(étude du milieu)、藝術及體育。教育當局，如格爾(Roger Gal)及其他人所建議，提供輔導(orientation)，俾使學生能選擇最適合他們的途徑。一九五九年正月的法令頒布後，強迫教育的期限，從十四歲延長至十六歲。一九六一年的教育改革，包括實施對十一至十三歲學生的一種觀察及輔導階段。教育區增至十九個。此外，拉比委員會（Lapie Committee）建議改革的基本原則，包括將私立學校併入國家系統中。

升入各種不同中學的必要條件，其着重點已經改變：教師的推薦，現在比校外考試更爲重要。學士學位考試制度也已更改，使到專攻某些科學的學生，也能參加另一種專門化的考試。中學和大學的學額仍是太少，但是法國人已增加教育預算，提供更多學額。

儘管有這些困難，法國的教育策略仍是成功的。法國制度成功的重要明證之一，便是許多新興國學已用它作爲模範。

法國人善能批評他們自己的教育制度。他們充份了解許多學生對英才訓練的失望。他們知道教育上的難題，牽涉到面對一種挑戰，那便是思想界一般化，對技術、工程、及不同應用科學界的專門化問題。法國人正經歷一個強有力的變革，這變革包括他們文化中的每一種長期因素，從哲學與宗教，到技術與社會結構。他們的教育制度，將是他們國家奮鬪的主要工具，這奮鬪關係着非常艱難的現代歐洲文化復興問題（European Renaissance）。克羅氏（Louis Cros）在他的出色的大著「教育的爆發」（L'explosion scolaire）中，作了一個精明的解釋，說明法國人對於在原子時代裏的學校情況的鑑識；組織的改變，方法的採用，尤其是，所需的努力。正如克羅氏在結語中所說：「事實上，人類前途胥賴人類組織的努力。今後我們首先須在自己國內努力去做，然後推而及其他地方。」（"De l'effort de formation des hommes, en effet, l'avenir dépend. Il faut que, chez nous comme ailleurs, cet effort prenne désormais la toute première place.")

德國

德國(Das Reich der Mitte)在東西歐之間，占着一個戰略位置。它起自北海(North Sea)，是歐洲平原的一部份，歐洲平原自英國伸展，經俄國，進入Mittelgebirge及較高的阿爾卑斯山。主要河流——萊茵河(Rhine)、威塞爾河(Weser)、易北河(Elbe)、奧德河(Oder)及維斯杜拉河(Vistula)——流向北方，多瑙河(Danube)流向東南，注入黑海(Black Sea)。

一九六〇年代的開始，德國已失去奧德——奈西線(Oder-Neisse Line)以東的領土，且被分劃成聯邦德意志共和國(Federal Republic of Germany)(大約九萬六千方哩，與超過五千五百萬人民)與德意志民主共和國(German Democratic Republic)(大約四萬二千平方哩，不到四千萬人民)。一個顯著的事實是，舊時的德國已被分成之部份：介於萊茵河與易北河的西德(Western Germany)，介於易北河和奧德河之中德(Middle Germany)(現在稱爲駐軍區"The Zone")，加上奧德河以東的德國領土，現已被併入成爲波蘭領土的一部份。

日耳曼人是一個偉大的民族——勤勞，不屈不撓，並有發明天才——他們標誌着人類歷史中權力與自由之間的鬪爭，而且在他們的教育發展中反映出來。巴克哈德(Jacob Burckhardt)在他的著作

Weltgeschichtliche Betrachtungen」一書中如此提出。這種衝突反映在德國對音樂、藝術、文學、哲學、醫學、科學研究和技術的貢獻，與德國在一種一度稱爲「血與鐵」(blood and iron)的政策之下，對民族榮耀的追求，兩者之間的對照。哲學家康德(Kant)、作家席勒(Schiller)，和哥德(Goethe)、音樂家巴哈(Bach)、貝多芬(Beethoven)，和布拉謨茲(Brahms)，和科學家郭霍(RobertKoch)及蒲郎克(Max Planck)，標誌着德國的自由的精神，俾斯麥(Bismark)、霍亨索倫諸皇(Hohen-sollerns)，和希特拉(Hitler)，標誌着權力的精神。從十三世紀「民族流浪」(Völkerwanderung)以來，德國的歷史，是一系列由德國土地向外發展的運動，這種向外發展運動，影響了整個西歐的歷史。依照湯普遜(Thompson's)的「中古時代的日耳曼」(Medieval Germany)所述，在中古時代，日耳曼人向東拓展，下徙至多瑙河及東遷至波羅的海(Baltic)沿岸。漢沙城市沿北海(Northern Seas)岸而建立，日耳曼商業越過重山，進入地中海(Mediterranean)。

中古時代末葉，日耳曼學校制度開始形成。其大學是追隨十三世紀的巴黎大學，以神學、法律、文學及醫學等大學院做基礎。拉丁學校當拉丁文是法律、政治及所有知識探求的語文時，建立起它們的威望。在新發展起來的城市、商人和工匠都將他們的子女送入拉丁學校及日耳曼市民學校去學習讀和寫，至少數年之久。只有到後來，在十六世紀時，國民學校(Volkschule)才開始配合教會中宗教改革(Reformation)及反宗教改革(Counterreformation)兩派的要求，吸收進舊時日耳曼城市的寫讀學校。十七世紀，日耳曼王公及公國對經濟及世俗利益覺醒，而鼓勵更進一步促進學校及大學。到了十八世紀，日耳曼人開始對教育作出他們的傑出的貢獻，雖然許多地方，三十年戰爭（Thirty-years' War）的瘡痍仍未恢復。新設立的格丁根大學（University of Göttingen），樹立了新的世俗化日耳曼大學的典型，把神學從它的最高地位降低下來，強調對所有有組織的科學知識（Wissenschaft）的追求，同時進行研究與教學。德國的三途的學校制度（three-way school system）開始形成它的現代形式。教育制度分成為工人和手工藝階級而設的八年的國民學校（Volkschule），加上三年的在行業中當一名學徒的教育；中間學校（Mittelschule），乃為中等階級而設，他們是較低等的官吏、商人、初等小學教師等等；而高級中學（Höhere Schulen）——即是，各種類型的古文中學（Gymnasia），是培養學生，參加中學畢業離校考試（Abitur），此種考試，為升入大學所必需，此種中學是為高級官吏、軍官、和所有專門人才的上等階級人士而設者。十九世紀初期，這種設計以維持一個階級結構社會的保守的教育制度組織，已顯然採取運用武力的道路，並與自由主義運動發生衝突。

到了十九世紀，此種衝突在繼續。德國人與法國革命（French Revolution）作戰。後來，這革命為拿破崙帶進他們的國土來，雖然這並非拿破崙的意圖，但自由主義的種子，却被他的軍隊散播下了。拿破崙對德國的佔領，刺激到民族意識的滋長，普魯士人逐漸取得領導權，而他們的軍隊和將士成為德國的紀律與秩序（Disziplin und Ordnung）的標誌。那幾乎是軍事組織的普魯士學校制度變成顯著起來。德國人大量模仿偉大的瑞士教育家裴斯太洛濟（Pestalozzi），但是他們利用他的理想，使他們的國民學校（Volkschule）更有效能，而非如裴斯太洛濟所願望的，把學校變成一個快樂且有創造性的家庭情形。德國優秀份子強烈反對他們最具自由思想的與創造性的教育家的貢獻，例如福祿貝爾(Frocbel)的幼稚園新法，赫爾巴特(Herbart)的高等教學哲學(advanced philosophy of teaching)。在梅特涅(Metternich)及其他政治家的反動控制之下，德國大大向右轉，致使一八四八年的革命失敗後，一些最優秀的人民出國，到來新大陸(New World)，在這裏，他們的教育思想，有助於形成美國教育的發展。

普魯士人在組成德國教育方面，扮演重大的角色，由於他們採用所謂「成熟考試」(Reifeprüfung)。一八三四年，普魯士堅持這種國家主辦的校外考試(Abitur)，爲大學入學的必要條件，而那嚴格的國家考試，爲做官與從事專業的必要條件。服兵役減至爲期一年的志願服役，這是爲古文中學(Gymnasium)修完第四年(Tertia)的學生而設。經濟與社會的發展，產生壓力，要求在八年的普通國民學校(Volkschule)之後，設立一種分開的「中間學校」(Mittelschule)。一八七二年，普魯士普通法令(Prussian General Decrees)爲不同種類的當級中學(Höhere Schulen)規定特別課程。此外，中間學校(Mittelschule)的特色，是一種獨立型的學校，實施普通教育，以準備從事中等階級的職業。其趨勢是強烈地朝向三種學校類型，每一種限定於它的社會階級與文化水平之內。學生進入某一特定學校攻讀，實是確定家長的社會地位，而學校並非普遍發展全國人民的所有天才的工具。十九世紀精神的，社會的，與經濟方面的自由思想，開始修正在二十世紀的這種階級學校制度。

德國人在很明確方面，從他們的階級的三途學校制度獲益。他們訓練一批上等階級的領導英才，一個優秀的中等階級，包括商人、小官吏及一個服從的下等階級，其中是受過良好訓練的工人、工匠和農人。一個人必須注意到，德國的國民學校（Volkschule）在完全掃除文盲的運動上的成就，古文中學（Gymnaasia）的普通泛藝教育而着重科學與現代語文的成就，以及堅持一種新的教育方法，包括採用研討方式及實驗室的大學的成就。第一流的教授，都把他們的博士班學生視爲經過仔細挑選的用智力的學徒，這些學徒，追隨他們的脚步，且把他們自己有良好組織的工作，更加以擴展。德國的大學爲它們所堅持的自由講學與自由學習（Lehrfreiheit and Lernfreiheit）感到自豪。有才能的青年人，來自世界各地，跟從這些出類拔萃的德國教授學習。茲略舉數人爲例，狄克諾（Ticknor）、伊維力特（Everett）和科斯威爾（Cogswell）在擁有它的堂皇的圖書館的格丁根大學（University of Göttingen）從事研究，囘來之後，成爲教學西班牙文學，採用選課制度，及促進圖書館方面的前驅。

許多人相信，美國教育的先驅曼恩（Horace Mann）在十九世紀中葉，便已發覺到普魯士及其他歐洲國家所面對的基本困難：學生在十四歲時結束他們八年的初等教育，這時正當他們準充份利用他們的才能；只有極少數被選拔升入古文中學（Gymnasia）學習，而極大多數人才被浪費。據曼恩觀察，在普魯士並無地方學校，或市立圖書舘，而報紙又完全被政府控制，沒有新聞自由。

第一次世界大戰，粉碎了具有高度效能的德國教育制度的武力統治。軍事失敗與繼起的經濟不景氣，其影響力阻礙了戰後德國的自由主義的潮流，使未能達致他他所可能達致之成功。然而，儘管有許多障礙，威瑪共和（Weimar Republic）在教育上確會獲得一些非常實在的進展，而舊時德國在教育上的先進傳統，仍繼續發展着。「統一學校」(Einheitsschule)運動獲得地位，其結果是，一種基本的三年的，後來是四年的基礎學校（Grundschule），所有兒童都進入此種學校。但是，旨在尋求方法提供更平等的教育機會予大家的各種改革運動，却未能在各種反動的趨勢下，達到進展。最大的毀滅趨勢，來自納粹時代(Nazi period)，納粹將黷武主義與一個現代的、技術的、與科學的人類社會結合起來，這種人類社會，乃是被狂熱的種族主義理論所歪曲的。其結果是德國教育與德國一般文化的浩刼。一九三三年納粹得勢之後，國家社會主義(National Socialism)對尋求眞理的科學研究，採取敵視態度，這阻塞了教育制度的發展。一九二九年，德國大學學生人數超過一一一、○○○人；到一九三九年，降低至大約五六、○○○。這種倒退(regression)，不但打擊到人文、文學、與社會科學(Geisteswissenschaften)，同時也打擊到自然科學及許多技術科目（Naturwissenschaften）：在同一時期，主修化學的學生人數從四、三○○人降至二、九○○人；主修工程的學生人數由六、七○○人降至三、三○○人。

在二次世界大戰結束時，德國處於混亂的狀態中，它的主要城市幾乎完全被毀掉，只有幾間大學城與圖書館未被波及。逃難兒童自奧德河(Oder)以東的德國境源源擁入西德。社會情形可怕，教育重建的前途非常黑暗。在極度困難的情形下，德國人與佔領國家——美國、英國、法國和蘇聯——開始重建教育制度，但是易北河(Elbe)東西兩岸，方式非常不同。美國與英國佔領區，盡最大可能爲德國人負責。法國人比較控制得嚴密些。俄國人採取急遽的行動，灌輸俄國的經濟形態及學校制度。不久東區（Eastern Zone）人民開始「以他們的脚投票」（vote with their feet），逃入西柏林。但這逃亡計劃，被建築劃分東西區的圍牆而關閉（一九六一年八月十六日）。

西德不單製造了一個經濟上的奇蹟（Wirtschaftswunder），同時也造成一個教育上的復興。教育上的努力，正如經濟上的努力一般重要，因爲它更能有效地利用德國人民的才能。聯軍管制軍事會議指示第五十四號（一九四七年）（The Allied Control Council's Directive #54）（1947）堅持初等與中等階級的教育機會均等；政府組織與人民生活民主化；強迫教育實施至十五歲，然後須受部份時間教育，至十八歲；訓練教師，使具有大學資格，並免除所有學生的書籍費及學費，維持獎學金，給予貧窮學生。德國教育部的地位被廢除，西德的九個政治邦（Länder），各有一個文化部（Kultusminister），獨立管理他們的教育事務。每一邦規定一種基本學校法令，因而在西德共有九種不同的學校制度。這種歧分，有其價値，但是，現在德國人已從事確保在教育上各邦有某些一致的協定，使到學童從國家的一個地方轉移到另一個地方時，不致蒙受不利。現在一共有十一邦。

德國教育委員會工作綱要計劃（Rahmenplan）乃屬極重要，因爲它集中改造與統一一般公立學校制度。此外，爲建立高等教育的科學理事會之建議（Empfehlungen des Wissenschaftsrates），成爲德國教育復興的基本綱要。首先是工作綱要計劃（Rahmenplan），協助德國教育制度適應過去五十年來巨大的社會與文化上的劇變，以配含需要。經過五年的準備，德國教育委員會（German Committee on Education）在一九五九年二月提出計劃。委員會的專家，非常明白那朝向要求給予每個人以更多中等及高等教育的這種巨大的逐漸增長的「狂濤」(Groundswell)（麋比博士語：Dr. Edward Beeby's term)。學生與家長均切望以教育作手段，以獲致一更高的社會地位。德國社會結構中的新起的變易性，使每個人能通過他本身在教育和專業訓練上的努力而發達，或沒落。專家們希望能將教育知識的發展，與一般文明擴展的發展一併考慮在內。他們也希望改組教育，使到基礎學校(Grundschule)前四年被保留作基礎，加上高級班(Förderstufe)，直到第六年級。這提供了一個繼續的小學與初級中學，且在實際上，加上高級班，使統一學校伸展到第六學年。在此基礎上，他們希望在一種改變的形式上，重建那傳統的三種學校類型。舊時的國民學校(Volksschule)變作初等學校高級部(Hauptschule)立即延長至第十學年，且最終達到第十一學年。中間學校(Mittelschule)改作實科中學(Realschule)，從第六年延展至第十學年，再後至第十一學年。舊時的高級中學(Höhere Schulen)，現在變作兩種古文中學(Gymnasia)，一種着重科學，另一種着重現代語，從第六學年終結開始，延長至第十三學年。除此之外，加上那新的，九年制的高級中學(Studienschule)，分成兩部，法文和希臘文，從第四學年終結時開始教授，是爲特殊天才兒童而設者。德國專家已建議統一學校向上展延，因而予所有兒童一個較佳之機會。延遲選拔時間到較後時期，除非那些學生很早即表現不平常的才能，而顯然有能力到大學讀書。此計劃引起廣泛的討論，很可能使德國的教育朝向開明的方向。

德國教育制度之復興，亦靠科學理事會之建議(Empfehlungen des Wissenschaftrats)的促進。主持此項研究的專家，對於促進德國高等教育，做了某些建議。他們指出，德國高等教育的理想特質，包括師生之間的親切個人的接觸，博大的有系統的講授以調查一個研究範圍內的問題，從事研究的講習會與實驗室，講學與學習的自由。這個理事會考察大學教育的其他方面。今天社會朝向民主化的趨勢，使德國人相信，每個人應依其才能，享受完整的科學教育。因此，德國面對越來越大的要求擴展高等教育與專業學校的壓力。一種所謂第二條教育途徑（Der Zweiten Weg），提供了學術性中學以外的另一條接受科學的高等教育的道途。一些最基本的建議，包括保持研究與教學的統一，充足的教授職位，以維持教育的普遍與效率，在不同的大學，設立某些研究範圍與科目，合作的集體研究工作，為學生創造充足的機會，使他們能受到更多的教育，而不必受到空間的與教學設施上的限制，與建造大量的學生住宅與宿舍。對於這些建議，現代的與舊式的德國高等教育有不同的反應，然而，他們同意，需要行動以重獲德國高等教育以前享有的領導地位。

德國人一直利用他們的教育作為一種工具，以建立他們的國家形式。他們正朝向給予所有工作以一種更專業化的訓練，給上等人才提供機會。德國人似乎深信，對世界事務，特別是歐洲事務，採取一種新態度，乃是極重要者，同時它必須直接建立於一種進步的，開明的教育制度，以及歐洲經濟同盟之上。在形成將來歐洲的生活方式上，德國佔了一個戰略位置。

俄國

俄國，或稱蘇聯，一直是追求個人獨立的歷史運動，與朝向一種古代神聖君王（God-king）思想的趨向這兩者之間衝突的地方，後者首先是表現於對沙皇（Tsar）的奉承，其後表現對於列寧（Linen）與馬克思（Marx）之崇拜。蘇維埃的教育策略，是要在共產黨的中央集權管制之下，更廣泛和更嚴格地教育它更多的兒童。他們堅信巴甫洛夫的（Pavlovian）通過環境制約個體的理論，而懷赫德（A. N. Whitehead）稱之爲「武力與統一的福音」（Gospels of Force and Uniformity）。

蘇聯是世界上最大的國家，在它的大陸邊界內，包括了地球上六分之一人類居住的地方（八、六四九、七九六方哩）。它比面積順序較小的國家——加拿大、中國和美國——要大上兩倍多。一九六〇年代開始時，其人口超過二萬萬一千萬人，或是大約比美國人口多出三千萬。印歐血統的斯拉夫人（Slavs of Indo-European origin）大約佔了人口的七十五巴仙，但却有着一七〇個種族集團。語言有兩百種左右，以俄羅斯話爲官方語。

俄國是一片廣大的低地，從波羅的海和黑海（Baltic and Black Seas）向東伸展到太平洋，只有一條低的山脈，烏拉山（Urals）横亙其間。北方的境界，是冰凍的苔原，在南部和東部，是一廣濶的高原和山脈地帶，從高加索（Caucasus）伸展至中亞（Central Asia）和中國的山嶽。俄國的許多土地是不能耕種的，夏天和冬天的氣候，其溫度走向兩大極端。蘇聯是世界上居於支配地位的共產國家，其技術與工業生產的水準，僅次於美國。

偉大的俄國歷史家——從史奇曼（Schiemann）、克魯契史斯基（Kluchevsky）和巴力斯（Pares），到他們現在的同僚——都曾經描述過俄國發展中的大轉變。東斯拉夫人是一個熱愛自由，居住於森林與河岸的民族。查里曼大帝（Charlemagne）時代之後不久，瓦連加利亞人（Varangarians）或諾曼人（Northmen）叫辣斯（Rus）的一族的領袖魯力克（Rurik）到來統治斯拉夫人。公元九世紀，希臘正教（Greek Orthodox）傳教士將基督教傳入，西流的（Cyrillic）字母，被採用作俄國語。基輔城（Kiev）變成一個文明中心。一一四七年，莫斯科乃告建立。明確的亞洲影響力，隨着第一次歐洲對俄國的影響而來到。

韃靼人，或稱蒙古人，在一二四〇年侵入俄國，並加以征服，在伏爾加河（Volga River）下游定居下來，建立長時期的統治。俄國人在涅夫斯基（Alexander Nevsky）統率之下，打敗西部條頓族的騎士團（Teutonic Knights）（日耳曼修道會騎士團）及瑞典人，但蒙古人仍維持他們在東部的統治超過二百年，直到伊凡三世（Ivan III）「大帝」（the Great）才於一四八〇年結束對韃靼人的進貢。然後在十六世紀末葉伊凡四世「厲王」（the Terrible）時，俄國人便開始他們向東擴張的大時代。伊凡四世克服韃靼人在喀山（Kazan）的堅強據點及其以外地方。羅曼諾夫（Romanov）朝代開始於十七世紀，更迭地吸取歐洲的與亞洲的生活方式。哥薩克人（Cossack）雅馬克（Yermak）帶頭征服西伯利亞（Siberia），俄國人乃於一六四〇年到達太平洋（Pacific）。

彼得大帝（一六八九——一七二五）（Peter the Great, 1689–1725）打開俄國在歐洲的窗戶，建立了聖彼得堡（St. Petersburg）（後來稱爲列寧格勒：Leningrad），並立法介紹歐洲文化與教育。一位日耳曼公主傑克琳大女皇（Catherine the Great）。她更進一步歐化俄國，將歐洲英才教育的基礎，介紹到俄國來。十九世紀初，俄國人迫使拿破崙退出莫斯科，且參加了梅特涅(Metternich)的反動同盟。十九世紀也給俄國的文學與藝術帶來一個黃金時代，包括這些文藝家在內：普希金（Pushkin）、妥思陀耶夫斯基(Dostoevsky)、托爾斯泰（Tolstoi）、果戈爾（Gogol）和柴可夫斯基。俄國人是工藝與技術教育的先進。橫貫西伯利亞鐵路(Trans-siberian Railway)的建造，是一個偉大的技術的成就（一八九一——一九〇五年）。俄國是一個向外擴張的勢力（「像人一樣行走的熊」），它與英國、法國、土耳其，以及後來的日本，在爭奪不凍港上，發生衝突。俄國的沙皇，仍然是專制君主，但却爲歐洲開明的革命影響力及東方的專制政治所煩惱。阿力山大二世（Alexander II）是一個開明的統治者，他於一八六一年解放農奴，而且在我們的南北戰爭時，支持北方。在他統治時期，在太平洋建立海參崴（烏拉的窩斯托克 Vladivostok），而在一八六七年，將阿拉斯加(Alaska)賣給美國。他的承繼者常用他的軍事力量及秘密警察壓制社會、政治和教育的進步。

這些歷史的更替，主要說明歐洲的個人獨立理想與古代亞洲神聖君主專制統治的思想趨勢，兩者之間的變動。二十世紀葉，第一次俄國革命（First Russian Revolution）隨着一九〇五年日俄戰爭（Russo-Japanese War）之失敗而起來，但被壓制下去。一九一七年三月，第二次俄國革命（Second Russian Revolution），在科倫斯基(Kerensky)及溫和派人(Moderates)的領導下，成功地建立起一個立憲的民主政府。在十一月，急進的布爾什維克(Bolsheviks)在列寧（Lenin）的領導下，奪取政府，建立起一個共產的獨裁政權。在列寧和托洛斯基（Trotzky）的領導下，布爾什維克贏得內戰的勝利；而且成功地擊敗了一九一八年至一九二〇年聯軍的干預。列寧以共產黨領袖的身份，從一九一八年統治至一九二四年，而且鼓勵教育改革。第一階段的蘇維埃教育，有一個相當開明的情況，利用西方進步的方法。列寧與他的妻子克魯浦斯卡雅(N. Krupskaya)實際上對美國教育具有興趣，而對德國凱欣斯泰納（George Kershensteiner）所發明的「工作學校」（work school）的思想，非常興趣。「工藝化」(Polytechnization)是一個很普遍的觀念，它把生活和工作與教育聯接起來。起先並未由一個部對教育進行中央控制，而地方思想與自決受到鼓勵。史達林（stalin）繼承他，而成爲全世界所僅見的最專制的獨裁者。他利用教育與宣傳作武器，以建立起一個「鋼鐵先鋒」(Iron Pioneers)的新國家，消除以前的教育實驗，轉向實施一種嚴格的教育，這種教育建立在以前歐洲和沙皇時代的雙軌制度的英才和大衆教育制度上。俄國人利用教育，以科學及技術作爲主要武器，以促進他們的文化水平百通。

在蘇聯，所有的長期因素，均密切交織在共產黨的政治理論中。國家擁有的經濟，是建立在一系列的全盤計劃（the Gosplan）上。從一九二八年開始一系列的五年計劃（Five-Year Plan）；第三個五年計劃受到二次世界大戰的阻礙。庫魯雲夫(Khrushchev)放棄第六個五年計劃，因爲生產目標未能達到，而代之以一個從一九五九至一九六五的七年計劃（Seven-Year Plan），目的在超越過美國。蘇聯人已建立起一個金字塔式優秀分子對大衆進行控制的新花樣，它令人回憶起柏拉圖（Plato）的「共和國」（Republic）及斯巴達的(Spartan)與羅馬的（Roman）特徵。十五個蘇維埃社會主義共和國乃受一種二重的政府組織的統治，那卽是一個官方政府，但它又受共產黨的控制。蘇維埃憲法書明，該社會主義國家，是一個人民民主國家，而共產黨是一個中央計劃經濟下的人民領袖。

共產黨的優秀幹部，只佔全人口的四巴仙，通過以它的第一書記（First Secretary）為首的中央委員會（Central Committee）來統治政府。自從革命以來，一個廣大而享高薪的官僚階級已經興起，它是由共產黨的高階層，政府的高官、軍官、工廠經理、科學家、教授、藝術家及作家所構成。這是南斯拉夫(Jogoslavia) 的狄拉斯(Djilas)所描寫的「新階級」(New Class)，是人民羣衆的新剝削者。他們享受的特權，包括公家汽車、高級住處或別墅(dachas)，以及他們的子女可以進最好的學校。正式上，蘇聯人專志於使他們的教育制度，給予每個人以平等的教育機會，確保只有有能力的優秀份子，升到最高級。但是，在他們的制度中，黨員的子女在教育和社會上，獲有一種受偏愛的地位。所有普通人民，必須嚴格遵守黨的路線，它規定蘇維埃國家形式。黨的理論改變時，黨的路線也就更改，而教育策略也隨之而改變了。

馬克斯主義的基本教育哲學說，操縱了經濟環境，卽可控制將來。環境是很有勢力的，它可以因生產方法之進步而被改進。對於個人的人格問題，很小珍視。

史達林的教育策略，自一九二八年開始實施，以迄於一九五三年他逝世時止，它強調一種正式的教材，與英才和大衆的教育制度。從七歲開始的四年制學校(Four-Year School)是基礎或初等學校。蘇七年制學校與十年制學校(Seven-Years and Ten-Years Schools)之設立，在協調初等與高等教育。蘇聯教育，由下列各階段組成：學前學校，收三歲至七歲上的兒童；初等學校收七歲至十歲上兒童（以當地民族語言教學），初級中等學校收十二歲至十四歲上的兒童。前面的七個學級，儘可能安置在同一幢建築中，而稱爲七年制學校（Seven-Years School）。許多鄉村地區，只擁有四年的初等學校。第四階段，或稱高級中等學校，收容到十七歲的學生。在比較大的人口中心區的十年制學校，包括全部十個學級。因此，蘇聯的學校構成一個四——三——三的制度。當十四歲強迫教育實際上終了時，舉行一個選拔，分成三個源流。最大的一組，是最缺乏學術才能的，被分配到勞工儲備隊，到工廠和集體農莊工作，進部份時間補習學校。其次，是較有才能的一組，被送入半專業性的學校，或稱技術學校（technicums），受訓成爲工業、農業、工業、商業、醫藥及教學上的「中級」(middle grades) 技術人員。最聰穎的一組，是在考試獲得最高分數者，升入高中，並能夠有資格進入大學或高等專門學校。

庫魯雪夫於一九五八年成爲總理，這正是俄國人把第一個人造地球衛星射入軌道後的第二年。他開始剷除史達林的人格偶像崇拜，同時實施教育上的某些改革，雖然一般型式仍被保持。庫魯雪夫推動一般趨向，使到生活與學校，與蘇聯公共教育的更進一步發展之間，有更密切之聯繫。他使到「工藝的」(polytechnic) 的理想復蘇，認爲教育必須包括各種不同工作的經驗，爲往後的生活提供一種事業興趣，以及正式的學術訓練。重又強調「從做中學」(learning by doing)，一如列寧在時，而非只記憶學術性的東西。這改革，強調進入高等教育，不單要學術優異，同時也要通過社會化的工作，對共同利益有所貢獻。庫魯雪夫以建造數目更多寄宿學校的方法，在國家控制上，更推進一步。在實驗室、手工藝和機械及農業上所增加的工作，乃是設計來應付學生，因爲枯燥和缺乏興趣而退學所引起的問題。在一九五九年至六〇年，並採取其他步驟，爲全體兒童提供八年普通的與工藝知識的強迫教育。十年制學校被改組成普通中等技術學校。官方的哲學是朝向使學生能有普通的及技術科目的能力，建立起一種熱愛工作，及積極參加社會主義活動的精神，且促進一種社會主義的美、體、德的教育。

蘇聯的教育策略，大體上仍保留過去在爲蘇維埃國家培養有能力的人力上那種嚴苛的效率，但已爲更廣泛的事業而擴展教育的機會。蘇聯幼童的教育，從學前至幼稚園，是追隨兒童管理之最佳原則，而在初等、中等和高等教育，則是採用斯巴達式的（Spartan）教育，這兩者之間，似有明確之劃分。在蘇聯，教學與學習，享有崇高的聲望，因爲蘇聯領袖正確地深信，教育上的優異，是國家成功的基礎。高等教育制度繼續進步，它包括大間的普通大學，如莫斯科大學、列寧格勒大學、及十五個共和國內的普通大學。此外，還有超過八百間的高等教育的專門學院，它們的地位和聲望，與法國的高等專門學校（Grandes Écoles）相當。高等教育的大學與專門學院集中力量栽培科學家、技術人員、和工程師，他們大約佔了所有大學畢業生的六十巴仙（在英國大約佔五十巴仙，而在美國佔二十五巴仙）。蘇聯高等教育之興起，已在加速中，可能會超過西方。在俄國，已重施男女同校制，婦女在各種事業佔有最高職位。俄國人不單把最高的聲望給予他們最高階層的行政人員，政治家，和工商業經理人員，同時也給予他們的大學教師及一般教員。蘇聯的制度，給它千百萬的人民帶來一個眞正的進步，消滅了文盲，造就了科學家、技術人員和專門人才的一個優秀份子團體，以及一個非常廣大的受訓技術人員的基礎。

從富裕的西方國家的觀點來看，蘇聯人民在無情的競爭鞭策下，他們的生活是儉樸與單調的。蘇聯表現了一種育策略和國家形式，能够與美國及其他一流工業國家競爭，並創導了太空探測，許多發展中的亞洲及非洲國家被此一事實所眩惑。

英國、法國、德國和蘇聯的教育制度，在形成教育策略的變化上，發揮了一個世界性的影響力，這些教育策略，能應付人類文明中的最重要問題。在較小的國家，如丹麥（Denmark）和瑞士（Switzerland），也發展了一些非常有意義的教育制度。十九世紀中葉，丹麥傑出的葛龍維主教（Bishop Grundtvig）爲他國家相對上的沉睡狀態所苦惱，而爲英國的技術、經濟、與政治成長的活力所感動。他回到丹麥，便領導一個國家教育的復興，集中力量發展一種爲青年而設的推廣教育制度，卽民衆高等學校（Folk High School）。他爲這些學校編製一種課程，強調過去丹麥的力量與光榮，通過民歌、文學及藝術，進行教學。他將知識的重點與技術的改進，特別是在農業方面的，結合起來。他努力的結果，是創造了一種新的國家形式，使丹麥成爲世界上最可愛，享有最高生活水準的國家之一，儘管事實上它的物質資源是比較上有限的。

瑞士也支持需要多樣化，及小國也有能力對促進學習與人類幸福作出偉大貢獻的基本論點。因爲它是最早的民主國家之一，它對於促使教育成爲增進國家福利的主要工具這一策略上，做出顯著的貢獻。裴斯太洛濟（Pestalozzi）是教育的新紀元中的瑞士先驅，他介紹一種教師，這種教師乃是學生的一個和藹與聰明的指導人，而不是一個斯巴達式的訓練者。瑞士建立起世界上最優良的教育制度之一種，且以此建立起世界上最高的生活水準之一，意大利（Italy）、西班牙（Spain），及其他歐洲國家，對於教育，也作出重大的貢獻。歐洲的多樣化，就是一個歷史見證，證明需要各種各樣的自由教育制度，這些教育制度，是從民族文化的歷史演進中產生出來的。

第三章　亞洲文化區的教育

亞洲是一個內部多山的大陸；它的山脈從「世界屋脊」(Roof of the World) 的帕米爾 (Pamirs) 向外伸展，包括了許多古代文化區域——中國、印度及伊朗。山脈繼續向前伸延，進入印度洋(Indian Ocean) 及太平洋 (Pacific Ocean)，形成日本、菲律賓 (the Philipines) 及印尼 (Indonesia) 的島嶼文化區。亞洲曾經是文明的溫床，這些文明，具有明顯的特質，並能自吸取其他文化中獲益，而產生出他們本身文化的光輝燦爛。中國、日本和印度，各提供了特殊的機會，以作爲對亞洲教育策略及國家形式的研究。

中　國

中國向來爲農業國家，以家族和宗族爲社會中心。這種家族社會，很像古代的羅馬，在家庭中有絕大的威權。中國嚴密的家族社會，形成於商周時代，歷漢魏以至於現代。這種家族精神，擴而大之，便形成國族。因爲中國社會以家族爲中心，故教育思想乃以家族倫理爲基礎。

中國學術思想以春秋戰國爲黃金時代，在短短數百年內，中國的孔、孟、莊、墨與歐洲蘇格拉底、柏拉圖及亞里斯多德，先後並生，實爲世界文化思想史上，光輝燦爛的一頁。中國自漢武帝罷黜百家，一尊孔子，儒家思想已成爲中國文化思想之主流。其後雖經魏、晉時代，莊、老盛行，六朝隋唐，佛學輸入，而幾千年來儒家思想始終不失爲中國文化思想之中心。

關於中國古代教育，最早的記載爲尙書舜典：「契爲司徒，敷五教。伯夷作秩宗，典三禮。夔典樂，以教冑子。」當時教育內容爲人倫道德祭祀與音樂，而其主要目的則爲人倫道德之培養。此種人倫道德教育，是以中國宗族社會爲背景。至於虞夏商三代的學校，如孟子所說：「設爲庠序學校以教之……夏曰校，殷曰序……學則三代共之。」當時學校除施教外，並負有養老任務。西周教育係因襲虞、夏、商三代之制而集其大成。關於入學年齡及課程亦皆有規定。

秦代建國，爲期甚短，對於教育設施，僅限於博士學術專官之設置，及吏師制度之建立。但秦代對於教育文化之貢獻，則爲文字之改革，此種改革乃基於政治上之需要。因秦併天下，欲求統一，而文字統一與法律統一，實爲首要之圖；正如羅馬之統一帝國，亦是以文字與法律之統一爲主要條件。漢代教育之貢獻，除確定學校制度之張本外，並以儒家學說統一全國思想，自此以後，中國學術乃定於一尊。兩漢私學的發達，亦爲史家所稱頌。

魏晉南北朝教育制度雖仍因襲漢制，而學校則趨於衰落。

隋之與唐，猶如秦之與漢，皆係由前者開創一新的局面，而爲後者發展之基礎。就政治言，秦與隋皆係結束紛亂局面而歸於統一，且皆享國不久，而爲後來大一統局面奠下基礎。就教育言，秦與隋在教育制度上皆剏立若干新的改革，而爲後者發展之所本。唐代教育以唐太宗時期最爲發達，當時六學二舘的學生有八千餘人，不但本國四方儒士，雲會京師，而且日本、高麗、新羅、高昌、吐蕃亦相繼派遣子弟來中國入學。至高宗晚年，學校便日漸衰廢。玄宗中興，教育一度復興，然自安祿山亂後，兵革未息，國家財政，日感困難，教育已不易再復舊觀矣。

宋繼五代之後統一中夏，其教育制度大都因襲唐代，中央學校統轄於國子監。宋代教育除官學外，復有書院制度之建立。元代以異族入主中國，對其本族施以特殊教育，意在保存其原有民族文化。對於漢族教育，仍多沿宋制。明代學校頗爲發達，對於課程、學則、學生生活、均有詳細之規定，其學校學規之嚴格與學生待遇之優厚，均遠非前代所能比。清代以異族入主中國，其教育政策與元代大致相同。

綜觀隋、唐、宋、元、明、清之教育，以唐、明兩代教育最爲發達，其有關學制的各種規程之完備嚴密，實爲前代所不及。自隋唐起，中央開始設置學官，專轄中央學校，宋代以後，地方亦設有教育行政機關及教育官員，專司地方教育，在教育行政管理上是一大進步。科舉制度，創始於隋唐，自是以後，科舉與學校相並而行，或相輔而行。結果學校淪爲科舉之附庸。上焉者，如宋元豐三舍法，以學校全部或局部考試代替科舉，惜旋行旋廢。次焉者，如唐之天寶及明朝初年，規定科舉必由學校出身，學校尚不失爲科舉預備場所。下焉者，則士子羣趨於科舉一途，學校形同虛設。此爲隋唐以後在教育制度上之一大變更。所幸自宋以後，書院制度興起，於科舉盛行中，成爲私人講學之場所，其對於中國文化之保存，人品氣節之培養，以及政治輿論之發揚，皆有很大的影響。又元清兩代皆以異族入主中國，其對於本族施以特殊教育，意在保存其固有文化，然其結果皆不免爲漢族文化所同化。

中國教育至清同治元年以後，有一種極大的轉變，由舊式傳統的教育，轉變到接受西洋文化的新式教育。誠如美國教育家克伯萊(Cubberley)在其所著的西洋教育史所說：「在方言複雜的中國，將古老的文明，從困難中轉變到新的西方式文明」。所以促成此種轉變，其最大原因乃受外來勢力的影響。淸政府鑒於鴉片戰爭以後，軍事與外交方面屢次失敗，國勢日衰，不得不採納西方文化，故對於政治教育加以改弦易轍，以冀免於危亡。

同治元年（一八六二）八月，總理各國事務衙門奏設同文館於北京，這是中國設立學校，實施新教育之開始。嗣後陸續設立語言、技術和軍事各類學校，但皆爲適應當時需要，零星設置，並無整個計劃。光緒二十一年，盛宣懷奏設中西學堂於天津，二十三年又奏設南洋公學於上海，分師範、外院、中院、上院四院，爲中國有等級的學校設立之開始，光緒二十七年，張百熙奉命籌辦京師大學堂，並裁定全國學堂章程。此次學堂章程於次年七月上諭頒布，即所謂壬寅學制，次年又頒佈癸卯學制，此爲中國學校系統的正式建立。光緒三十一年廢科舉，設學部，至此管轄全國學務之中央教育行政機關乃告成立。

民國肇造，所有舊日制度，勢須改革。民國元年臨時政府在南京成立，即設立教育部，此一制度，雖經多次修正，仍沿用至民國十六年。國民政府成立後，於是年六月中央政治會議決議組織大學院，爲全國最高教育學術及教育行政機關。大學院之組織，其最大目的在促成學術與教育行政的融合，使教育行政有學術之依據，其用意甚善。但實行不到兩年，因各方之反對，於十七年七月國民政府改組時，遂廢除大學院制，恢復教育部。關於省教育行政，民國初年各地情形不一，直至民國六年，各省正式成立教育廳，爲管轄全省教育行政機關。至民國十六年，中央教育行政機關改行大學院制時，江、浙等省亦隨之而試行大學區制。將過去之大學與教育廳合而爲一，意在仿照法國制度，以大學區爲教育行政單位，使教育設施得有學術之根據，皆以施行不久，遭遇反對，仍恢復教育廳制。至於地方教育行政制度，民國成立後，仍多沿用勸學所制。民國十一年改爲教育局，以後各省設局設科，情形至爲複雜。二十八年國民政府公佈「縣各級組織綱要」規定縣政府設教育科。三十六年行政院訓令：「各省得各就地方需要……酌量恢復設置教育局」。三十八年大陸淪陷，政府遷臺，除了臺北市設立教育局外，其餘各縣市皆設教育科。直至民國五十八年七月，各縣市乃奉令一律裁科設局。

以上所述，爲中華民國教育行政制度之演變，關於學制方面，民國元年教育部頒佈壬子學制，除將原有學堂名稱加以更改外，其他變更幅度不大。到了民國十一年，中國學制乃有一較大的變更。蓋自清末民初，中國學制多仿日本，日本則仿自歐洲。嗣因留美學生回國者日多，中國教育風氣漸受美國影響。民國十一年的新學制——六、三、三制，係仿自美國，其最大變更，乃是採取綜合中學制度。國民政府成立後所頒佈的戊辰學制，對於新學制尚無多大改變。迨至民國二十一年，教育部分別公佈中學法、師範學校法及職業學校法，將師範職校與中學重新分開設立，各自成一系統。自政府播遷來臺，現行學制與我政府在大陸時代所通行的並無二致，唯教育措施則頗爲革新，尤其自五十七學年度起，開始實施九年國民教育，堪稱中國教育史上之創舉。

日本

日本的教育策略與國家形式，是一種獨立的與明智的吸收外來文化的典型。日本成爲最高度西化的亞洲重要國家，這主要是它的敎育進步的結果。在民主與獨裁之間的衝突中，日本扮演了一個極重要的角色，這種衝突，與東方及西方國家命運是如此交織着。

日本人口超過九千萬，土地面積有大約一四五、〇〇〇方哩。日本是四個大島的大集合體。假如一個人把日本放置在美國東部，最南部的島嶼九州，將會與喬治亞州（Ceorgia）同一緯度，東京周圍的日本心臟地區，將與北卡羅林納州（North Carolina）平行，而那最北部的島嶼北海道，將會與紐韓普賽州（New Hampshire）同一緯度。兩個中央島嶼是本州與四國，它們包圍着內海。日本宜人的溫和的海洋性氣候，使它能生產廣泛的各種不同的農產品。然而，日本是一個多山的國家，加上嵯峨的海岸線，使到日本的農人只有全面積百分之二十的土地，可以耕種。日本人已成爲亞洲最偉大的航海人民之人，他們的內海，成爲他們海外航線的出發點。

在較早時期，因爲航海的困難，海洋障礙比現在要大，而日本乃與外界隔絕，從這種隔絕的環境中，它進可以取，退可以守。日本能够模仿得到它希望中的東西，並創造一種新的文明的類型與形式，這種文明具有其特色，且屬本土的。日本人不是模仿者，而是有創造性的革新者，他們是從事於一種明智的吸取外國文化的工作。在分析日本的國家形式及教育策略時，文化的孤立及接觸這一論題，是非常重要的。

從高麗來的第一批外族的入侵者，大概於公元一世紀到達日本。入侵者一批批的來，從內海的大道向上推進，到本州的中部。在這裏狹小的大和平原，有一個氏族強大起來，這大和族的祭司長，逐漸獲得對其他氏族長的霸權。從大和祭司長，產生日本皇室的天皇。在過去一千五百年，日本的文化，基本上是在一個統治的家族的控制之下。

第一個日本教育與文化的大時代，發達於公元七世紀，這是與中國唐朝接觸的結果。日本是中國文明的一個產物，但是日本改變與改造中國文化，使適應他們自己的生活方式。早在公元前五五二年，佛教便自南高麗的一個王國傳抵大和族，成爲教育上的媒介物。佛教是一種進取的傳播的宗教，使得許多人皈依該教，並擴展了中國文化。Shotuku 皇太子領導日本佛教團體得到勝利，而於六〇七年派遣一個龐大的官方使節團到中國。正如以後的明治時代所作一般，日本人選派他們最優秀的國民出使中國：藝術家、學者、幹練及機敏的青年人，他們都是已對中國有所認識。他們隨使節出去，經常在中國逗留十年以上，以從事研究，然後把中國唐朝在道德、政治、技術、科學、藝術和文學方面的光輝燦爛文明，帶回孤立的日本島去。

不幸的是，中國的書法體系伴隨着這些有價值的收穫。中國的書法體系，具有一種特別的符號，以一個象形文字代表一個字根，或一個單音字。日本人運用中國古文，幾乎像中世紀歐洲人運用拉丁文一樣——用於每種東西，從法律著作和文獻至歷史。日本人逐漸發展一種拼音表，叫「假名」，運用中國字作音符。這並不如字母一樣的有效，然而它給日本人一種方法來書寫他們自己的語言。今天日本人正爲當時所造成的問題而奮鬬，這問題即是將一種聲符和一種大量採用過來的無變化的單獨成字的中國字結合起來。這結果，使到日本的書寫體系，成爲現代日本技術與知識生長的一種障礙。

當第十與第十一世紀，京都的王室在創作文學與藝術時，地方上的貴族却在建立起一種新的封建社會。這些武士，統治着他們的農民，並學習如何管理他們的領地。他們類似中世紀歐洲的騎士，也像他們一樣，獲得一種軍事教育，這種軍事教育，影響到現代日本教育與文化的演進。因此而開始了幾近七百年的一個軍事封建階級對政治的控制。

一個偉大的宗教教育復興，伴隨政治的改變而來到。文士或佛教和尚，承擔越來越重要的地位，以抗衡武士的地位。佛教自一種追求「涅槃」(Nirvana)，冀於個人的自我在六根清淨後，能成佛，與宇宙同體的一種宗教，被中國人與日本人改變成爲一種對生命的和平與完美有着樂觀態度的宗教。他們認爲人類生命，本質上是好的，不是應該逃避的東西。佛教採取一種新形式，同時在商業上，變成冒險進取。這些貿易的開拓，所獲的利潤，不單建造了華麗的寺廟，也於十三世紀末葉，建造了在倉鐮地方的青銅大佛像。日本中世紀的同業公會，製造了許多種類的物品，以此發展了海外貿易。日本商人遠在馬尼剌(Manila)及暹羅(Siam)都佔着優勢。從十二世紀到十六世紀，日本人把他們從一個在文明世界外緣的渺小而經濟衰弱的國家，建設成一個進步的遠洋航海國。

在一六〇〇年，日本進入另一個孤立的時代(當此之時，英國——另一個島嶼強國——正進入一個擴張的時代）。在那年，德川家康在江戶他的城堡總部外作戰，打敗了他的敵人，江戶是在未來首都東京所在地的一個鄉村。他與他的繼承者開創了德川時代，其政治上的穩定，依賴對社會的嚴厲控制，與對創造性趨勢的壓制，回復到反動的封建主義的形式。德川氏鼓勵研究早年中國的儒教，作爲一種穩定政府的哲學。階級組織，是由四個社會階級組成：武士、農民、工匠及商人。最高階級的武士，稱爲「三穆來」(Samurai，意卽武士），也是行政人員。商人儘管有他們的重要性，但却被排在末位，因爲，依照孔子的學說，他們是非生產者。德川壓制他們自己冒險到海外去的商人，以及基督教傳教士。這一個退守與鞏固的時代，到了十九世紀，乃告結束，因爲內部產生一個文化的變化，包括商人階級與城市的興起，也因爲西方世界的侵入。

現代日本，肇端於一八六八年明治時代，並與世界重新恢復文化接觸。美國政府以一個在比利(Perry)司令統率下的海軍艦隊，打開了日本通商的門戶。日本西部的年輕武士，於一八六七年，幾乎無傷亡地克復及奪取穩定的德川政府。他們展開一個革命性的現代化運動，這現代化運動是自上而下地計劃與推行的。一八六八年正月，這個寡頭政治的政府，恢復年輕皇帝的職權及直接統治，稱這個時代爲「明治」。這個時代乃被稱爲「明治維新」。年輕領袖將首都自京都遷至江戶，改名東京。這些領袖，都是軍人，然而他們知道，如果日本希望在軍事方面強大起來，則它必須要有一個完全的知識上、社會上、政治上及經濟上的改變。明治的統治者，以最短暫的時間之一，推行最偉大的變革之一種，這是世界所僅見的。

他們把世界變成一所廣大的學校，運用優點與效率的標準，從中學習他們所選擇者。他們學習美國的工商業法與教育，法國的法律與教育，德國的陸軍、醫藥及教育，及英國的商船和海軍。他們認識到現代國家重行組織的需要，這包括宗教上的容忍，現代幣制，警察及郵政與公共服務。發展一種經過妥當選擇的教育策略，對於他們，乃屬首要之事，因爲他們明白，在促進現代國家及它的國家形式，教育乃是一種主要工具。因此，這寡頭政治政府於一八七一年組織了一個「文部省」，而開始一種教育擴展的進步計劃。他們設立一種雙軌制，以普遍的初等教育及一種六年制的強迫學校施於全民。在此之上，是尋常中學與高等學校，導向大學，大學在培養高等政府官員、科學家、學者、及醫生。在日本設立了八個大學區，每一學區有一間大學。政府視教育爲訓練國家的馴良公務員的工具。起先日本人對美國的學校制度具有深刻印象，並追隨它的趨向，欲使每個人都能享受到一種實際上的教育，但是到了一八八〇年，歐洲的與儒家的保守形式得勢。

「維新」後五十年之內，日本已成爲世界五個大工業與軍事強國之一。文盲實際上已被掃除。一個有效率的政府支持起一個強大的工業，軍事力量，及受過訓導與技術訓練的公民。同時，日本已朝向自由民主的方向，雖然這在表面上並不明顯。基督教傳教士帶來西方的理想，且在知識階級中獲得信仰者，他們在日本生活上產生值得注意的影響力。第一次世界大戰其間，商人成爲有勢力的人物，有與軍人競爭的趨向。他們比較喜歡通過商業獲得的進步，而要削減軍事設備的大量開支。城市居民正在增加，受過高深教育的新的一代，教師、醫生、律師、作家、機構工作人員，及大學教授接觸到西方世界的自由趨向。一九二五年，日本全國成年男子獲得投票權，同時工會會員在增加。一九二三年九月一日，東京地區的大地震與火災，爲一個新的城市文化掃淸道路。儘管堅持男人在家庭責任中佔支配地位，婦女已開始獲得社會上的平等。日本人成爲熱心運動者。棒球已成爲國家運動，再加上田徑賽、游泳、高爾夫球、網球及滑雪。在日本文化復興中，出版數以千計的書，與廣泛翻譯整個世界的文學。新的城市階級，朝向西方世界的豐富的民主文化生活的方面，而與寡頭政治家在統制下，把日本變成強大工業與軍事強國的作爲，發生衝突。

一九三〇年時代，一種強有力的軍事與民族主義的反動力量，在陸軍和海軍軍官，連同農民，鄉區地主，小市民及低級政府公務員的領導之下產生了。這些人曾經深深受到早年學校制度下的極權思想的灌輸。這些新軍官階級，出身自農民，鄉區地主，及官僚的家庭，他們領導了一個對新的民主主義趨勢的直接攻擊。他們控制思想，強迫大學及中學學生採用記憶方式，好像低等學校學生一般，剝奪婦女們新獲得的解放，並壓制報紙的發表自由。軍人與大商人集團的財閥進行聯合，從政黨政治家及溫和派人士手中，接管了統治權。這日本的軍事領導，迅速造成滿洲事件，進攻中國，及二次世界大戰。

一九四五年九月二日，隨着它軍事上的投降，日本展開了它長久歷史以來最不平常的局面之一。美國的佔領時期開始，它進行了延續六年半的控制與輔導。美國人與日本人在此一吸取外來文化的不平常的實驗中，均著有功績。美國既有聰明的政策，復有聰明的行政人員：麥克阿瑟將軍（General

Douglas MacArthur)。美國佔領下的積極改革，獲得一種成功，這可證諸於正在日本流行的堅實的民主趨勢，普遍教育的出現，以及日本人期望從反動的領導改變過來，這種反動的領導，曾毀掉日本。佔領當局致力於教育改革，但並非所有的改革均能維持長久。學校制度的地方分權管理法，目前已逐漸囘復以前的樣子。所設立的一種單軌教育制度，已被實施，它是一六年制的初等學校，一三年制的初級中學，和一三年制的高級中學，而導向大學及高等教育。日本人已經開始恢復他們的更具選擇性的中等及高等教育類型。強迫教育需要九年（包括初等及初級中等學校），則照舊。課程與方法的廣泛改變，導致爭論。恢復對教材作更系統化的教學。現已重新逐漸強調道德與禮貌的教學、科學與技術教育的擴展，改進職業訓練及讀、寫、算的基本教學過程。然而，教育機會的民主化及自由化，已留下長久的烙印。

日本教育策略，及國家形式的長期因素，可以從歷史的透視中，看得更加清楚。看情形，日本已從一個反動的時期掙脫出來，且將繼續追求民主自由的趨向，然而，對傳統的過去，依然會有些緬懷。日本人不單學得西方的技術、科學和工商法，同時也經驗過極權的專制與民主的自由生活間的衝突。亞洲與世界的未來，許多方面，將有賴於日本的不平常的文明中所發生的事物。

印度

印度廣袤的三角形亞大陸，曾目擊多次文化的入侵、融合及向外擴展的時代。印度曾吸收由陸路和水路來的連續不斷的征服者，而發展了它本身獨特的文明。印度面積，只有蘇聯的七分之一，然而，它的人口幾乎是後者的兩倍。對於亞洲的前途及世界，印度構成主要的戰略性關鍵之一。雖然那印度文化中心具有數千年歷史，新的印度國却肇始於一九四七年，當時它獲得獨立地位，成為英聯邦(British Commonwealth)中的一個自治聯邦共和國。作為一個大民主國家，印度的生存和進步，對於整個世界，是極重要的。印度正從事於創造一個新國家形式及教育策略，以便對付人類的主要問題，在這裏是「吹毛求疵的百姓」，膨脹的人口，土地利用改革，宗教及迷信，社會結構與衝突，衛生與疾病。印度在它的教育制度中，以古代的文雅教育和現代職業的專門化教育，創造出一種新綜合體上可能獲致的成功，對於我們大家，都極重要。

作為一種文明，印度的成長與發展，曾經受如它的土地這樣的長期因素的影響，它的土地，劃分為三大區域：喜瑪拉雅山區(Himalayan area)，北方河流平原，及南方的臺地。北部山區，從印度庫西(Hindukush)穿過喜瑪拉雅山(Himalaya)，形成進入東南亞的山脈。這山區曾為入侵者所滲透，主要是通過西北邊境的(Northwest Frontier's)基比爾(Khyber)及博浪(Bolan)隘口。印歐人(Indo-Europeans)經過這些隘口移居進來，把原來的狄拉維狄亞人(Dravidian)居民逐過塞普拉(Satpura)與溫達亞山脈(Vindhaya Mountain Ranges)，這些山脈與南部德干高原(Deccan Plateau)地區接界。自此之後，塞普拉線在印歐北方與狄拉維狄亞南方的語言與種族類型之間，劃分了一個文化區。在此兩個區域之間，是印度河與恒河平原(Indo-Gangetic Plain)，這平原從恒河三角洲(Ganges Delta)低地伸展至德里(Delhi)，然後通過印度河谷(Indus Valley)與薩爾沙漠(Thar Desert)而到達阿剌伯海(Arabian Sea)。印度的氣候，一般說來，是季候風型，旱季與雨季交替，然而北部寒冷的山脈，與中部及南部的亞熱帶和熱帶地方的氣溫，相差極大。印度九十巴仙是農業，它是一個多鄉村的國家，村莊靠近莽叢、平原及森林曠野。

印度教育與文化的歷史發展，將其自身劃分爲幾個主要局面。早年狄拉維狄亞時代之前的文明(Pre-Dravidian Civilization)，包括沿印度河的模恒若大羅(Mohenjo Daro)文化，是與中國、美索波達米亞，和埃及其他大河谷地的文明一樣的古老。印歐人的一次大量移民，於公元前二千年左右，從北方向前推進到印度，抵達塞普拉山線(Satpura Mountain Line)，而且變成一個階級組織的社會。他們創造了一些世界上最優美的文學吠陀(Vedas)，以及印度教(Hinduism)，它是多神宗教，而在尋求涅槃(Nirvana)。公元前第五世紀時，佛教(Buddhism)在印度文化史上，展開一個光輝的時代，而且標誌着一個活躍的，宗教上的向外擴張。釋迦(Buddha)的中庸之道的教訓，與它的道德、美學與教育上的寓意，由法師傳入西藏、中國、日本及東南亞。佛教僧侶派同時發展一種表現於莊嚴的雕刻、神龕、寺廟、與繪畫的值得注意的藝術遺產。佛教徒統治者阿索卡(Asoka)是歷史上最開明的君主之一，他誓言放棄戰爭，而追求和平。阿索卡的生命象徵的車輪，現在是印度國旗的一部份。另一個在阿力山大大帝(Alexander the Great)統率下，自西北來的西臘人的入侵，在藝術、語言和傳說上，留下永久的烙印。

最具有重大意義的入侵印度之一，是公元第八世紀伊斯蘭（Islam）教的入侵。回教徒入侵者帶來波斯的(Persian)文化與語言，及一種偉大的建築術（其影響可見之於達馬荷「Toj Mahal」靈廟中）。伊斯蘭教的入侵，介紹來一種新的一神教，與印度教徒(Hindus)的多神論相衝突。回教學校（Madris-sahs）向廣大的人民開放。印度給予世界的主要贈禮之一，乃是發生於這個時代的印度數字的創造與傳達，包括零（sunya）字，它們成為世人所知的阿剌伯數字，而為我們開創了位數數學（positional mathematics）。

接下來是葡萄牙人(Portuguese)、英國人(English)和法國人（French），由海路來的大入侵，給印度帶來一種進步的歐洲技術。英國人在失掉他們的美洲殖民地後，於十八世紀贏得了這塊亞大陸的控制權。十九世紀早期，他們決定在教育上，不採用方言，而用英語，因此向印度開啓了西方世界的技術、科學與藝術。此一步驟，也使到教育成為一種着重書本學問的準備，以便成為公務員。逐漸興起的印度政治，知識集團，對於管理其自身前途，開始注意。甘地(Gandhi)和尼赫魯(Nehru)的領導，英國國會制度的影響，及在兩次世界大戰中二十世紀的影響力，最後助成一九四七年印度的獨立。

這個亞大陸分為印度共和國（Republic of India）與巴基斯坦自治領（Dominion of Pakistan），巴基斯坦是一個伊斯蘭教聯邦共和國，由兩個相隔一、一〇〇哩的地理單位組成。這個劃分，對印度教徒與回教徒，是一個社會的大變動。印度為第一個非白種人的英聯邦（British Commonwealth）自治領，在分開後，儘管遇有困難與挑戰性的問題，其發展仍在繼續着。

印度教育上與文化上的進步，是受到長期因素的加速的影響。印度是一個舊時文學的、一般化的及農業的世界，與較新技術的、工業的、專門化及城市化世界兩者之間，競爭衝突的場所。教育傳統向來大部份是文學的、宗教的與藝術的，然而印度更需要集中力量於教育工具上，這教育工具，乃是自然科學、社會科學，與各種教育的專業範疇、工程、醫藥，所提供者——特別是因爲印度人口已自一八〇〇年的大約五千萬人，增加到一九六〇年的四萬萬人。

人口與資源的不平衡，因過去的風俗與傳襲而加劇，例如對牛的敬拜，禁止用牠作爲一種食物，及把猴子當作神聖，任牠自由摧毀農作物及食品。要限制出生率以平衡新的死亡率的退減，這個最重要的問題，受到風俗、貧困與缺乏教育的妨礙。印度是世界上生活水準最低的地方，目前正急於把它提高。儘管印度有着許多問題，它已通過一系列的五年計劃而作出進步。這些五年計劃，使政府有一個機會，對於經濟、技術，社會與教育上的進步，作出顯著的貢獻。私人工業企業的成長，也對印度的發展，作出很大的幫助。

印度人在鄉村議會(Panchayat)中，有一個最古老的民主組織。鄉村議會的教育，對他們鄉村的前途，承擔更多的責任，對於印度的進步，乃是不可缺少的，因爲印度儘管進行都市化，它主要仍是一個農業的鄉村國家。那種許多親戚同住在一個大院落內的大家庭制度，一直是印度人生活的一種基本力量。階級制度提供了社會結構的基礎：從有着宗教上與教育上的職能的婆羅門(Brahmin)；戰士、商人、到僕從階級。階級劃分，是經濟的，也是社會的，它保障各種職位與事業的安全。沒有階級的那些人，稱為「賤民」(untouchables)，他們從事最卑賤的工作，然而這種賤民看待，已屬非法。

語言是教育上的另一個問題，因為印度至少有十二種主要的區域性的語言，這些語言，各有其古代文學，此外有兩百種次要語言。一九四九年，決定以興地(Hindi)語為正式國語。英語將被作為官方用語應用十五年，且是科學與技術交通的語言。北部的梵文(Sanskrit)(如興地語)、與塞普拉線(Satpura line)以南的狄拉維狄亞語(如德魯古「Telugu」語)非常不同。一個受有教育的印度人，將至少需要懂得三種語言：興地語、英語及他的區域的語言。語言問題是棘手的，困難的，而且是解決文化中所有其他長期因素的根本。

印度現在的教育制度，是一種州政府與中央政府控制的結合。印度的十四個主要的州，各自管制州內的所有教育，只有技術與大學教育除外，這兩者是由中央教育部(Central Ministry of Education)所管轄的。印度的憲法指示，所有十四歲以下的兒童，不管其語言、階級、宗教、或種族，必須受免費教育。印度人已作出基本決定，教育必須是世俗的。這個行動，必須避免宗教衝突與協助社會改革。印度共和國的宗教型態大致如下：佛教徒(Buddhists)、波斯教徒(Parsees)、景教徒(Jains)、猶太教徒(Jews)、錫克教徒(Sikhs)及基督教徒(Christians)佔五巴仙；回教徒(Muslims)佔十巴仙，而八十五巴仙為印度教徒(Hindus)。

在實施過程中，中央政府對教育各方面，已負起越來越多的責任，藉以提供一致的全國目標與實施標準。十四個州在財政津貼，研究，與知識交換上，要仰賴中央政府。中央政府的五年計劃，已包括全國性的教育統整計劃，以配合印度全國的需要。教育的詳細組織，各州間相差極大，然而，它包括六歲至十歲的初等教育；中等教育分爲兩階段，初中（或中學，或初級中學）是爲十歲到十三歲兒童而設，而高中（高級學校、高中，或多元目標學校）是爲十四歲至十七歲年齡組而設。

及格的中學畢業生，必須通過一個中間學院（intermediate college）的一種兩年制的大學預科課程，方能直接進入大學，或進入工藝學校，或職業與工業學校。大學有支配中等教育的趨向，使它本質上成爲大學的預備教育。甘地的「手腦並用」（heart and hand）的「基本國民教育」（basic national education），產生一種反影響，這種基本國家教育，主張教育與日常生活聯繫起來，以及學習一種手藝。新的爲生活的現實主義的教育，強調個人的性向與專業訓練，而傳統的一般的文學教育，却是獲得更高地位的道路，這兩者，產生衝突。

以州教育部長及傑出的專家爲會員的中央諮詢委員會（Central Advisory Board），在計劃一種國語教育策略，以應付調查所得的長遠問題上，作出極大的努力。印度全國技術教育理事會（The All-India Council for Technical Education），已在一個大範圍內，促進了技術與科學的訓練，藉以爲印度帶來經濟的富足。儘管他們存在着許多問題，但在世界教育中，印度人佔着一個戰略的地位。他們有能力在一種民主的氣氛中，將西方科學的技術和經濟的富足，與印度哲學的容忍與美感結合起來。正如開比爾（Humayum Kabir）所說：「交通與了解因而是教育的精髓，而一個民主國家提供了最好的媒介體，從中它可以發榮滋長。」

亞洲的其他文化區，從菲律賓共和國(the Republic of the philipines)和東南亞(Southeast Asia)國家，至伊朗(Iran)、巴基斯坦(Pakistan)與中東(Middle East)，對教育的進步，都作出了他們本身有價值的固有的貢獻。

菲律賓共和國以西班牙語(Spanish)及英語(English)作爲工具，把他們島嶼文化與歐洲及美洲文化綜合起來，並發展成一種國家教育制度，在它的民主的國家形式中，作爲一個主要因素。

在亞洲的另一端，土耳其共和國(Republic of Turkey)，在地理上和文化上，構成一道通往歐洲的橋樑。一九二〇年代，在凱末爾(Mustafa Kemal)，或稱亞他土克(Atatürk)的領導下，土耳其人民實行一次有生氣的革命，在三十餘年間，使他們的國家現代化。亞他土克的話「知識是生命中最正確的嚮導」成爲一個教育改革的格言。土耳其的國家思想，是共和國，民族的、普遍的、世俗的與改良的，由國家負起經濟與福利的責任。改良的重點，見之於一九二八年採用羅馬字母，與過去斷絕聯繫，並且以方便教學讀與寫，因而更有效地掃除文盲。

第四章　非洲文化區的教育

非洲大陸，在過去曾具有重大的意義，在未來，將具有更重大的意義。它是一塊多樣化的土地，有中部地區的原始部落，也有埃及(Egypt)的古代文明。地中海(Mediterranean)與紅海(Red Sea)海岸，感受過連續不斷的古代文明的影響力：埃及的(Egyptian)、克里底的(Cretan)、海第(Hittite)、亞述的(Assyrian)、波斯的(Persian)、腓尼基的(Phoenician)、羅馬的(Roman)與條頓的(Teuton)的文明。公元七世紀時，伊斯蘭教(Islam)傳遍非洲北部三分之一的土地，使到各部落成爲偉大的伊斯蘭教文明的一部分。

亞沙哈拉非洲(Sub-Sahara Africa)除了有時被佔優勢的部落如阿山地(Ashanti)、富蘭尼(Fulani)及朱魯(Zulu)征服外，仍舊是散落的小部落集團。十五世紀時，葡萄牙人(Portuguese)開始了一個連續不斷的歐洲人的入侵，隨之而至的是荷蘭人(Dutch)與英國人(English)，以及十九世紀時的法國人(French)和德國人(Germans)。今天，非洲是一個新興國家的大陸，這些國家，是由古代部落形式蛻變而成，操着歐洲各種語言，具有歐洲文化。這些國家全都面臨着如何在一個普遍識字的適當基礎上，培殖受高度教育的人力問題，藉此以應付所有長期因素的加速生長，這些長期因素，乃是國家發展所不可缺少者。兩個文化區域對比較研究提供了特別豐厚的酬報：埃及與尼日利亞(Nigeria)。前者爲一個文明古國；後者爲一個年輕的未開發的國家。

埃及、阿刺伯聯合共和國

埃及在非洲與亞洲之間，形成一座橋樑，而且在伊斯蘭世界與近東（Near East）的阿刺伯國家中，據有一個戰略地位。許多種族冀圖獲得阿刺伯東方（Arab East），因爲它控制了貿易路線，它的氣候宜人，以及它的財富。

近東的阿刺伯國家，他們的文化建築在相續來到的各種族上；每一入侵種族，留下一種文明。目前的實踐，就是把各種文明結合起來。阿刺伯語言，及伊斯蘭的宗教與文化，是超過十三個世紀時間以來，這些國家所繼承的遺產，其堅實的基礎，則是近東先前的各種文化。早年埃及與美索波達米亞的(Mesopotamian)河流谷地文明，通過對農業、建築、運輸、幾何、天文，一種標音字母，與三種主要的一神教：猶太教(Judaism)、基督教(Christianity)、伊斯蘭教（Islam）之革新，而開創了西方或歐洲(Western or European)文明之端緒。閃族腓尼基人（Semite-Phoenicians）經商航海，將這些文化發展，散布於地中海沿岸。

西臘人（Greeks）學取埃及與近東的文化，而創造了一個他們自己的黃金時代。西臘的革新的天才，給世界帶來在戲劇、建築、藝術、文學、娛樂、數學與哲學上的獨創的貢獻。然後西臘人拓展西臘文明(Hellenic civilization)的領域，進入埃及、近東與中亞細亞(Central Asia)。近東與埃及，乃在西臘文化影響之下，後再爲羅馬與基督教所補充，爲時達一千年之久。公元七世紀伊斯蘭教的興起，將西臘羅馬文化遺產與波斯、印度和埃及的文化結合起來，而在十字軍(Crusades)之前，傳播回西班牙(Spain)及南歐，西臘羅馬文化遺產，在中古歐洲時（Medieval Europe），曾經沉寂了幾個世紀。

在十三世紀，蒙古人入侵，造成近東一片荒涼，只有埃及，才把蒙古人的侵略擊退。隨着是一個長時期的衰落。到了十九世紀，近東及阿刺伯世界，開始復興，這是受到復返的西方文明潮流的刺激。到了二十世紀，這個復興在加速。在伊斯蘭與阿刺伯世界的現代發展中，埃及一直扮演着主要脚色。

這埃及的古老的土地，爲尼羅河(Nile River)所支配。任何的旅客，都會爲尼羅河谷的生氣盎然的翠綠色與周圍的沙漠兩者間所形成的對照而留下深刻印象。埃及土地大約有三八六、〇〇〇六哩，然而主要居住區，却只限於尼羅河谷地（Nile Valley），約一三、五八〇方哩。二十世紀中葉，其人口超過二千六百萬人，包括三個主要成份。哈閃族（Hamito-Semite）人數最多，叫做「費拉痕」(Fellahin)〔源自「費拉」(fellah)一字，意爲土地耕種者〕，住在鄉區。第二主要成份，包括阿刺伯人，或稱「比大威」(Bedawi)人。他們中只有六分之一爲遊牧人民；其他是部份定居，住在華崴盆地(Fayum Basin)及墾殖了的三角洲外圍地方與尼羅河谷地。第三個成份，或稱奴比亞人(Nubian)，居住在上尼羅河谷地的阿斯旺（Aswan）與瓦底霍發（Wadi Halfa）之間，而是黑人（Negro）與阿刺伯人的混血種。埃及的主要問題，乃是人口密度。在人煙稠密的尼羅河谷地，人口密度大約是每方哩二、五〇〇人。國家的負擔，落在勞苦的農民或稱「費拉痕」的肩上。「費拉痕」遭受許多種疾病的折磨，包括顆粒性結膜炎，由肝蛭造成而由住在靜水中的蝸牛傳染來的（bilhariasis），及極有毒性的瘧疾與其他熱病。

埃及人民在他們的漫長歷史的過程中，表現了能力與天才。自從在沙加拉(Sakkarah)的周沙的金字塔(Zozer's Pyramid)與基在(Gizeh)的大金字塔(Great Pyramid)時代以來，埃及的學者在知識的許多方面，如：醫學、數學、建築與文學，表現了他們的才能。埃及人的成就，包括了發明一種字母，準確計算星辰，及測量河流，它的泥土，它的泛濫。學習只限於一小部份的英才僧侶，這可從「神聖著作」(hieroglyphics) 一詞表現出來。在希第 (Hittite) 時代，法老伊克那頓 (Ikhnaton) 助成一種崇高的與倫理的一神教。世界上最早的偉大的研究中心之一，乃是希臘式的 (Hellenic) 阿力山大里亞(Alexandria) 大學，它有宏偉的圖書館，以及在自然科學與人文科學的有才能的研究員，它影響了其後地中海與近東地區的知識歷史。羅馬佔領埃及時，關心城市統治階級英才教育的促進。正如羅斯托夫特滋夫(Rostovtzev) 指出，羅馬帝國 (Roman Empire) 的都市文化，是一塊過於單薄的板，巨大的鄉區文化與語言的實體，穿過它而闖進來，正如在埃及的情形一樣。

當伊斯蘭教傳遍近東及地中海地帶時，可蘭經(Koran)成爲所有知識與文化生活的主要源泉。「古特布」(kuttab) 是極古老的，不分級的回教學校，在古特布裏，兒童學習如何讀、寫和算。可蘭經被一齊大聲朗誦，並加以牢記，成爲生活與學習的基礎。埃及的首都開羅 (Cairo) 成爲伊斯蘭文化的偉大中心之一。它的古老的歐阿薩(al-Azhar)大學於公元九七〇年爲華狄米王朝 (Fatimids) 所建立。十一與十二世紀，整個近東的伊斯蘭教文化得到進步的繁榮滋長，然而十三世紀蒙古入侵，毀滅許多回教的人口與學術中心。奧圖曼王朝（Ottomans）繼承雪朱克土耳其王朝(Seljuk Turks)，奧圖曼王朝戰績輝煌，然而在文化與教育上，却趨向反動。

十九世紀初，埃及的民族精神在逐漸增長的歐洲影響的衝擊下復蘇。埃及的第一位副王(viceroy)，埃及統治王朝的建立者，穆罕默阿利巴沙（Muhammad Ali Pasha），創造了埃及教育的基本組織。他希望儘可能快地建立起一個擁有強大武裝部隊的現代化國家。在一八三〇年代，小學制度已經創立，藉以提供迅速擴展的陸軍、海軍與文官方面所需要的人員。一八三六——三七年，穆罕默阿利設立中央教育部(Central Ministry of Education)，它控制幾乎所有埃及的教育。它的功能，除了沙伊德巴沙(Sa'id Pasha)政權時受到短暫時間的擾亂外，迄在繼續和擴大中。法國的影響力很強大，而且法國語在課程中佔着顯著的地位。在他的長期統治中，他遣送超過三百名的學生到外國，主要是到法國去。他們在歐洲的主要學習科目，爲陸軍與海軍學科、醫科、藥劑、工程，以及木工及印刷之類的工藝。派往外國的大學生，後來爲穆罕默阿利用以代替在學校，政府部門，及軍隊中的歐洲籍教師及軍官。他們將技術書籍翻譯成爲阿刺伯文及土耳其文，並成爲國家領袖，對埃及的進步作出貢獻。穆罕默阿利的軍隊，強大得足以威脅在伊斯坦堡(Istanbul)的奧圖曼帝國(Ottoman Empire)，而且考慮建立一個阿刺伯帝國的理想。歐洲各強國協力迫使他從敘利亞（Syria）及小亞（Asia Minor）撤退他的軍隊，並以統治埃及，作爲一個副王（Viceroy or Khedive）爲滿足。埃及繼續其在半獨立情形下而存在，名義上是在却頗遙遠的伊斯坦堡的蘇丹(Sultan in Istanbul)統治下。一八八七年英國人的征服，刺激到埃及民族主義的成長，而導致二次世界大戰後英國人的最後撤出，統治王朝的遜位，以及納塞(Gamel Abdel Nasser)革命政府的起來。在政治變遷時期的整個過程中，埃及的教育發展了它自己的重要形式。

埃及的教育制度是一種雙軌的組織，以教育英才和民衆。免費的初等學校，提供予絕大多數的埃及兒童，但這些初等學校，並不是準備學生升入中等與高等教育。只有很少數天才學生被准許轉入小學，小學原是穆罕默阿利巴沙設立，俾迅速和有效地訓練英才。小學從幼稚園開始，繼續下去，經過高等教育學府。直到一九四三年，小學爲收費的學校。

埃及與其他阿剌伯國家之差別是，埃及人採取原有的「古特布」(Kuttab)，以配合現代的需要，使它成爲初等階梯的基礎。一八六九年，(教育)部視察「古特布」，改進它們的課程，而逐漸將它們改變成爲四年制標準初級學校(馬克塔布「Maktab」)。再加上兩種初等學校，一種是五年制的，一種是六年制的。所有類型都包括讀、寫、基本算術與宗教的教學。初等學校高年級聰明的學生要轉入小學高級部是可能的。主要的階梯是三年制的預備幼稚園，四年制的小學，五年制的中學，與四年至六年的高等學府——包括大學。小學因此從八歲上開始，兒童已能讀、寫、與做算術，他們是在幼稚園受了預備教育，或是自初等學校轉學過來。要進入中等及高等教育，需要成功地通過公開考試。除了無可倫比的伊斯蘭研究中心的古老的歐阿薩(Al-Azhar)大學外，在二十世紀，於開羅、阿力山大里亞(Alexandria)，與愛斯右特(Asyut)設立了三所主要的現代大學。

一九四三年，教育部長歐希拉里巴沙(Al-Hilali Pasha)，不但取消全部小學學費，並且命令所有中等學校，在學生們的考試成績水準基礎上，將學校空額收受學生，不顧學費問題。其結果是兩種的：私立學校逐步併入公立學校系統，與家長們強要他們的子女進入政府小學及政府中學，因爲它們提供較好的教學與教育上及事業上的機會。戰後以來，埃及朝向統一學校制度更邁進一步：一種強迫的六年制學校，收容六至十二歲上的兒童，跟着是一種中等學校，分爲兩個階段，各爲三年。這種改變的發生，先是一種四——四——三制，然後是一種六——三——三制。埃及，現在是阿剌伯聯合共和國(the United Arab Republic)，它曾經經過漫長的文化接觸的道路，保持它自己的伊斯蘭的基礎，而採取教育上的現代發展，以配合它自己的需要。重點放在掃除文盲與擴展初等教育至邊區，以及尼羅河谷地區。在中等教育方面，其政策是發展技術與農業教育。學校圖書館已充實，師資訓練也獲得改進。開羅大學(University of Cairo)已擴大其學院及設備。技術教育已在阿歷山大里亞大學及愛斯右特大學(Universities of Alexandria and Asyut)獲得加強。埃及的教育革命，也許可以以最近在古老的歐阿薩大學(Al-Azhar University)內，傳統的伊斯蘭文化研究與法律、醫學、教育、及公共行政這類現代學院之統一爲例子——這是一種實驗，將爲教育界人士懷着極大興趣地觀察着。埃及過去和將來，都是不但爲非洲大陸與文化區的一種戰略力量，也是西南亞洲文化區或近東的一種戰略力量。

尼日利亞

尼日利亞具有極大的文化潛在力，且對非洲的將來構成一個有力的因素。這個國家呈現長方形，面積超過三四〇、〇〇〇方哩，沿着多風的幾內亞灣(Gulf of Guinea)伸展幾達六百哩。其土地自一條六十哩寬的海岸紅樹沿澤森林地帶升起，進入一個一百哩的熱帶雨森林區，向上至一不毛的乾燥的高原，拔海二、〇〇〇呎以上。高原由森林地轉變至高草的大草原，而到達沙哈拉(Sahara)的南邊。一九六〇年代早期，尼日利亞人口接近四千萬，是非洲人口密度最大的地區之一。尼日利亞的文化與教育的一個中心因素，是由尼日河(Niger River)的大Y字所劃分的三個區域，西部的尼日河，發源於沙哈拉，與東部的發源於喀麥隆山(Cameroon Mountains)的本紐河(Benue)滙流，造成一條浩瀚河水，南流至它的三角洲，注入幾內亞灣。西區(Western Region)在尼日河之下，人口大約有八百萬，以約魯巴(Yoruba)族佔最大多數，他們是最進步的尼日利亞人之一。他們具有一數世紀久的政治組織的傳統，且三分之二的人是回教徒或基督徒。東區(Eastern Region)在本紐河之下，人口大約九百萬，它的主要部落爲伊波(Ibo)族，其中一半爲異教徒，一半爲基督徒，而且激烈地獨立自主。這些區域，趨向控制尼日利亞的商業，而且供給許多的政府官員。最有力量的區域，是尼日河與本紐河之上的北區(Northern Region)，人口約有二千萬人，以單純的多數，控制了尼日利亞聯邦的下院。北區三分二的人是回教徒，其餘是基督徒，或有靈教徒(Animist)。佔優勢的種族，是浩沙黑人(Hausa

Negro)與統治的富蘭尼(Fulani)族，富蘭尼人是紅皮膚地中海種的入侵者。

尼日利亞具有一個廣大的經濟基礎，而且依據非洲的標準，是一個「富有」(have)的國家，幾乎可以自足。尼日利亞的經濟主要是農業的，其中是各別自耕的小園戶。在經濟上，市場與儲蓄和貸款合作社，扮演着一個重大的角色。尼日利亞具有一個分配良好的國民收入，而且在糧食方面，幾乎可以自足。然而，它的經濟，對於世界對它輸出原料：錫，噴氣摩多所用之鐵鈳、棉花與可可的需求，是頗敏感的。此外，尼日利亞是世界最大的花生、棕油與棕油子的輸出者。尼日利亞需要資本來推動經濟發展，特別是從現有的農業基礎上，向上發展。煤也正在輸出，然而未有充足資本發展其他的礦藏，如鐵、鋅與鉛。在一九五六年，尼日河三角洲(Niger Delta)的沼澤地帶發現油田，也許是解決資本問題的基本。因爲每四個尼日利亞人中，即有三個從事農業，任何東西能帶來農業教育上的增加投資與改進，卽可容易地使尼日利亞的財富加倍。目前的教育制度，自小學經大學，走向於將農村青年吸引至城市。尼日利亞尙未有一種充份的土地測量，在農業研究方面，有許多事情正需要等待完成。技術工程與商業訓練，自速記工作至管理，都需要加強，如果尼日利亞要有適當種類的人力。尼日利亞乃是需要一種平衡的教育制度的個案例子，這種平衡的教育制度，適應於一個發展中國家的需要。

尼日利亞的歷史發展，可以簡括如下。一千年前，伊飛(Ife)與本寧(Benin)文化達到了一個非常優美的高度，且與地中海文明發生接觸。伊飛與本寧的青銅器具是今天最美麗的古董之一。往後尼日利亞朝向北方及沙哈拉商旅路線方面發展。十五世紀末葉，卡諾(Kano)鎮爲一個北方商業及回教教育的中心。富蘭尼(Fulani)族侵入並征服北部的皓沙(Hausa)王國。十八世紀時，在尼日利亞海岸，販奴業盛行，然而於一八〇七年被英國人廢止。英國人逐漸由海岸滲入內地，於一八六一年，將拉果斯(Lagos)作爲控制中心。殖民地行政人員與事務官在這些部落社會中，爲促進法律與公正的統治，做了許多事情。

在十九世紀時，傳教士成爲教育前進的先驅。英國政府逐漸對教育予以支持。在尼日利亞最早的西方教育是文學的、公務員與行政人員都是大學人文與文學科的畢業生；實用科目如技術與農業，並不大受羨慕或尊重。只有到了二十世紀的第一個十年中，才有教育補助金之設立，而且第一間州立學校皇家學院(Kings College)於一九〇九年在拉果斯開辦起來。

尼日利亞已經成爲非洲大陸的一個重要文化區域。這個新興非洲國家，於一九六〇年十月一日受承認爲一個充份獨立的英聯邦(British Commonwealth)成員。尼日利亞具有重要性，不單因爲它的面積，同時也因爲它現在朝向民主的與有訓練的自治的高度進步。一九五八年十月，尼日利亞設立議會制政府，擁有兩院的一個聯邦立法機構：一個擁有五二名議員的上院(Senate)，及一個擁有三二〇名議員的下院(House of Representative)。尼日利亞的首任首席部長，是巴里哇(Alhaji Sir Abubabar Tafawa Balewa)，是由下議院選出，並向下議院負責的聯邦行政首長。

尼日利亞已着手迅速發展一種適當的教育制度。對教育以及它在通過適當人力教育促進文化上所扮演的角色，最具重要性的分析之一種，是尼日利亞的「中上教育委員會報告書」(The Report of the Commission on the Post School Certificate and Higher Education) 中的「教育投資」(Investment in Education) 一文。「教育投資」淸楚說明，任何理想的教育制度，其初等、中等與高等教育之間，必須平衡發展。每一教育階段，必須具有對支持該教育制度的文化或社會類型的適當的學生人數。尼日利亞在這方面，目前乃是不平衡者，因爲它把多至三分二的總教育預算用在初等教育，這初等教育，因爲一般低落的師範教育水準，而受到危險的妨碍。中等學校也因受過適當教育的師資極端缺乏，而蒙受損失。加強師資訓練學院的建議，已經提出，因爲沒有教育制度，會比它的教師來得更強。北區特別受到妨碍，因爲那數約一千二百萬的回教徒，繼承古代可蘭經的傳統，而在該區極少設立歐洲型學校。只有九巴仙的北方兒童，就讀於初等學校。二百萬中學年齡兒童中，只有四千上學。北方人想進大學，必須到西區或海外去。

委員會報告書 (Commission Report) 估計，往後十年內，尼日利亞所需的高級人力，至少對是數目達八〇、〇〇〇名受過中等教育訓練以上的人。尼日利亞的青年人，是它最寶貴的資源，而他們的教育投資，必須是國家財政的第一項開銷。他們的高等教育設施，必須開始，不能拖延：「現代水壩、電力站、紡織廠、或綱鐵廠，可以在數年內建造成。然而它需要十年與十五年之間的時間，來培養經理、行政人員、及工程師，來管理它們。」尼日利亞的「教育金字塔」(educational pyramid)，在基礎之上，過於細弱，未能配合尼日利亞對高級人力的需要。委員會指出，大學學位，「一如金錢，必須在外國存有通貨，」同時：

……除了知識的界限外，大學的活動，沒有界限……一間大學，沒有確立國際的標準，在學術界，將無他位……高度的學術水準，與國家需要之間的關係，並不矛盾。然而，其意確認為一間大學必須與政治鬪爭隔離。它的管理職權，必須授予一個獨立自主的理事會。

委員會建議，必須設立一個國家大學委員會（與英國的大學協款委員會「the British University Grants Committee」相似），具有「一定的收入，作為一種固定助學金，完全依照它自己的決斷來分派。」他們的建議是，尼日利亞的聯邦政府集中其資源，以支持四間大學，包括在北區的沙利亞(Zaria)，與聯邦領地（Federal Territory）的拉果斯的兩間新大學，以及促進與鞏固在西區的伊巴坦(Ibadan)與在東區的恩奴古(Enugu)及恩蘇卡（Nsukka）的大學設施，給北部和東部優先權。「教育投資」陳述道：「只有教師，能為國家發展打下堅固基礎。經濟的成長，與政治的穩定一樣，悉賴教師之工作成績而定。他是尼日利亞派駐於將來的大使，而他應從他的國人得到充份的權利與特權。」正如在其他國家一樣，金錢、獎賞、及公衆人士的態度，應使到教師深信，他對於國家的全體幸福，乃是重要者。倘若損害教學人員以培養其他方面的工作人員，國家的所有計劃將遭到失敗。聯邦政府的三個區域，提供了一個實驗所，以觀察一種教育制度，受過教育的人力需求，與一個國家前途之間的關係。

尼日利亞與埃及在兩個不同的文化區，提供了有價值的教育個案實例。其他非洲國家，正對教育的進展作出他們獨特的貢獻。操法國語的非洲國家，已完成重要教育實施，正如其他種語言地區一般。最重要的事實是，在教育策略上，非洲已從事一種合作努力。依照聯合國教科文組織(UNESCO)的「於一九六一年召集非洲國家會議，以確立一份教育需要的名目，及一種配合將來需要的計劃，並邀請聯合國，其他專門化機構 (Speacilized Agencies)，及國際原子能機構 (International Atomic Energy Agency)，與聯合國教科文組織合作，以準備及組織該會議」的決議，討論非洲教育發展的非洲國家會議，於一九六一年五月十六日——二十五日，在阿巴巴 (Addis Ababa) 舉行。聯合國教科文的總裁 (Director General) 及聯合國非洲經濟委員會的執行秘書 (the Executive Secretary of the United Nations Economic Commission for Africa)，連同其他聯合國專門化機構，組織了一個三十九個非洲和歐洲政府參加的會議，加上其他政府派來的觀察員，和十個聯合國機構的代表。會議的成員們探討需求問題：「一如非洲政府所陳述與聯合國教科文組織的文件所揭示者……由小學擴展，經大學與成人教員階段，包括所有對於教育均衡計劃不可缺少的附屬的與有關的服務。」所作建議，乃明智與具有遠見者；例如它建議：

一、教育在適當的條件下，是有收穫的經濟投資，且對於經濟的成長有貢獻；

二、人類資源的發展，與自然資源的發展，是一樣的迫切與不可或缺；

三、教育投資是長期性的，然如適當地計劃，同時即可獲得一高度比率的贏利；

四、教育的內容，必須與經濟的需要有關，重點必須放在科學與它的應用上；

五、在非洲目前的發展階段，教育上的最大優先，必須是保證一個充足比率的人口，接受中等與中等以上階段的技術，這種技術對經濟發展，乃屬需要者；

六、非洲國家，其目標必須是在二十年內，提供普遍的小學教育；同時對於成人教育與在職訓練，必須特別注意；……

而且，會議的成員，關注培養更多中學畢業生，升入大學，與逐漸加強技術和農業教育，特別給予師資訓練以高度優先權，藉以促進教育品質。一般而言，他們強調：「只要行得通，與其有各種各樣的學校，不如在一間學校中，擁有各種選修的專門化課程來得好。」阿巴巴會議(The Addis Ababa Conference)標誌着在計劃非洲教育的未來發展上，向前跨進重要的一步，而且隨着被加以實施。

第五章　美洲文化區的教育

北美洲和南美洲（North and South America）大陸，構成新世界，在這裏，人類獲得機會追求自由與促進文明。威爾遜（Woodrow Wilson）提及北美洲時，說：「美洲之產生，旨在使每個人必須如其他每個人一樣，有相同的機會，實行管理他自己的財產。」沙爾米恩多（Sarmiento）對於南美洲，具有相同的信念。北美洲和南美洲國家，能够應用在科學、技術、政治與教育方面得自歐洲與亞洲的廣泛文化遺產，以構成新的文明，然而他們的成長速各不相同。在北美和南美，巴西（Brazil）與美國（The United States）在發展國家形式與教育策略的歧異上，提供了重要的例子。美國屬於一個小集團的幸運的國家，它的人口與土地資源的均衡，一直是有利的，它的文化，得益自歐洲的技術、科學與教育的現代化，而沒有被一個封建的或傳統的社會重累所妨碍。美國從殖民統治中，獲得它的自由，便開始它的朝向推動大量生產的運動，這是一種富裕的經濟，同時也開啓它的平等獲得教育機會的運動。巴西具有有利的自然資源與人口的平衡，然而却受傳統文化的妨害，即使從殖民統治中贏得它的自由後，也仍然是如此。巴西的加速朝向工業發展，經濟富裕與普及教育，只有在二十世紀初期才開始。

巴　西

巴西合衆國（the United States of Brazil）是世界上的大國之一，面積大約有三、二九〇、〇〇〇方英哩。它幾乎與加拿大一樣的大，但人口比加拿大的多了三倍以上。巴西的六千五百萬人民，主要集中在沿海地區。這個年輕國家的重要問題，是迅速的成長：它正在尋求將它的居住地區的界域，移往內地，同時擴展它的工業化的經濟。

巴西的一大片土地，具有豐富的自然資源，與各種各樣的氣候，這對教育產生一種挑戰。它的主要區域中的三個，是阿馬遜河谷(Amazon River Valley)、東北半島(Northeast Peninsula)及巴西高原(Brazilian Plateau)。廣袤的阿馬遜拿斯州(States of Amazonas)，覆蓋着熱帶雨森林，而它的主要大道，是阿馬遜河及其支流。東北半島，是一個半不毛的地區，聚集於納塔耳(Natal)與勒西斐(Recife)的周圍。馬多格羅索(Matto Grosso)的大巴西高原向東傾斜，至近海處而陡然陷落。主要城市集中於東南沿海，自里約熱內爐(Rio de Janeiro)與沙阿保羅(São Paulo)至南部。與散落和孤立的內地居住區對照起來，巴西的這些大都市區域裏，已經是大大地工業化與都市化了。新的都城巴西利亞(Brasilia)建築在內地，旨在促進移民與發展該地區。

巴西的人口，是世界人種熔爐之一。它的人民分爲大約六十二巴仙的歐洲血統的白人，二十七巴仙的早年殖民時期白人與黑人通婚所生的黑白混血兒，大約十巴仙的黑人，其餘爲蒙古種的印第安土人，及日本移民。巴西有許多種歐洲血統的人，包括葡萄牙人、西班牙人、意大利人及德國人。大量的德國人、意大利人、波蘭人和日本人移民，集中在東南與南方各州中，成爲外國語言集團。第一次世界大戰時，聯邦政府取得學校管理權，而使國語、葡萄牙語成爲強迫教授的課程。人口趨勢，是從鄉村地區移向東南城市區域，導致在宏偉的現代化的建築旁陋屋市鎮的產生。一般言之，人口的分布是鄉區七十巴仙，市區三十巴仙。自教育而言，巴西的人口類型與廣大幅員，造成提供充足的學校和教學問題。巴西仍舊是一個在開發的地區，在大多數的州裏，每年方哩不到兩個人。

巴西在傳統上，曾經是一種農作物的農業經濟，從甘蔗轉變至樹膠，然後再轉變至咖啡。農業基礎現已擴大：巴西現在不但出產世界一半的咖啡，同時也出產世界三分之一的香蕉，與五分之一的可可。國民的基本食物是米和豆，而國家的許多地方——特別是亢旱的東北——遭受營養不足。第二次世界大戰，迫使巴西向工業化再邁進一步，在戰爭開始及以後的十年內，大約有四○、○○○間新工廠建立起來。巨大的水電力開發與鋼鐵廠，成爲巴西成長的一部份。雖然煤、油與瓦斯燃料必須進一步發展，方能更有效地應用鐵、鐵礬土、錳、獨居石、鈹與鎳的大量埋藏量，但礦物質已提供一種主要的出產。

巴西的社會組織，一直在急遽轉變中，這是由於工業的與都市的轉變。在鄉村與城市裏的勞工們，正在組成工會，並且能夠爲他們的進步而施用立法的壓力。社會組織正處在轉變過程中，人民享有更多婚姻選擇的自由，而婦女在教育與工作上，享有更大的機會。

教育之改變的含意，是明顯的，它着重增進農業、商業與技術教育的需要。受教育的人力問題，是對於經濟與社會的發展的基本問題，而巴西正開始對付這個挑戰。

巴西的文化與教育的歷史發展，開始於一五○○年葡萄牙人來到的時候。超過兩百年的時間，教育由耶穌會(Jesuits)會員實施。一七五九年，葡萄牙統治者邦巴爾(Pombal)，對耶穌會會員的驅逐，毀掉一種教育類型的萌芽。一八二二年，當巴西宣布它從葡萄牙獲得獨立後，便建立了帝國(Empire)。在此時期，國家脫離葡萄牙思想，而朝向法國教育制度的方向，只為有限的優秀份子，其教育是廣博的、與衒學的。在這時候，上層階級——政治家、官員或大莊園主——子女的主要職業，是醫科、法律、政治、或政府工作。學校的主要着重點，是為經濟的與社會的上層集團。巴西帝國將公立學校的職責，分予州與中央政府。比德羅皇一世及二世(Emperors Pedro I and Pedro II)企圖建立一種免費的平民教育制度，然而發覺此計劃太難於實行，因為教師與金錢的短缺，而且一般人民方面，缺乏興趣。

巴西共和國(Republic of Brazil)建立於一八八九年。從一八九〇年至一九二〇年這段時間，是教育方針與組織的緩慢探索時期。儘管有法滋(Vaz)與康波士(Campos)的努力，小學教育在發展上，還是落後。聯邦政府只有當小學教育而臨將它的各種各類的居民歸化的問題時，才開始協助小學教育。教育的改革運動，在費爾荷(Filho)、泰吉拉(Teixeira)與阿茲偉陀(Azevedo)這些人的領導下，於第一次世界大戰後展開。一種強大的反動力，反對傳統的衒學的制度，成為整個巴西的不安的一部份，這個不安定，導致一九三〇年的革命，瓦加斯(Vargas)取得總統位。一九三〇年的革命，表現了巴西的迅速成長的潛在力。外國移民進入巴西，集中於河阿保羅(São Paulo)周圍。海外移民大量進入，北美洲與歐洲的思想，對巴西的學校產生一種逐漸增加的影響力。工業化在加速中，並帶來一種新的社會的可動性（mobility）。在新近獲得的民主主義的影響下，教育獲得一種民主的社會的功能，並且課程也充實了。杜威（John Dewey）的鼓動的話語，被用以敍述目標：「給一般人民一種更充實與更豐富的生活景況，這一種生活，享有更大的自由，而且全體享有平等機會，到最終，每個人可以發展與獲致所有他本身具有的一切。」一九三〇年代的改革運動，帶來第一個公立學校制度，這是設計以教育全體巴西兒童的。

巴西和過去的傳統展開鬪爭，過去的傳統，着重極少數人的衒學的學術訓練，以配合數目有限的學術性的職位，而未能教育廣大的人民羣衆在農業、技術與公民方面的才能。一個主要問題，乃是在中學甚至在小學實施的嚴格升入大學的選拔。選拔的基礎，是一套學術的必要條件，它包括幾乎辦不到的一系列廣泛的學術科目，這是設計以作更進一步的學術訓練，俾升入大學。巴西教育的基本文獻，是一九四六年的憲法。雖然聯邦政府保留主要的職責，以維持國家的標準，及輔救地方上的不足，各個不同的州，分別爲它們自己的教育制度負責。

私立學校，在巴西的教育中，扮演了一個重要的脚色。這些主要爲宗教組織所設立的學校，受聯邦政府的監督與管理。教育與文化部（Ministry of Education and Culture）於一九五三年組成，以便在全國基礎上，加強劃一的教育政策。一九三七年，已經組織了一間國家教育研究所（National Institute of Educational Research），作爲教育文化部之下的一個研究基礎，教育家爾荷(Filho)、卡爾瓦荷(Carvalho)及泰吉拉（Teixeira）對於它的實施，扮演着主要的脚色。它的功能是分派聯邦資金予初等及中等學校，指導學校建築計劃，及領導研究。一九五五年，巴西教育研究中心（Brazilian Center of Educational Research）設立後，國家教育研究所的研究功能擴展了，並對巴西生活的基本研究已開始實施，且傳達予巴西的教師們。

巴西在它的掃除文盲的奮鬥中，已經走了一大段路程。一九二〇年，第一次全國調查，顯示七十五巴仙的成年人爲文盲，而三十五巴仙的學齡兒童在學。一九四〇年，教育改革的進步，減少文盲至大約六十巴仙，在一九五〇年，減至五十巴仙。小學爲七歲至十二歲年齡的兒童而設。鄉村地區的趨勢，是保守那傳統的四年課程，逃避學校（school "evasion"）的情形很嚴重，因爲缺乏設備，缺乏受訓教師，以及嚴格的課程。巴西學校，雖然它們開放得更廣，課程更寬，但自初等階段開始，仍然選拔頗嚴。

中等教育制度，和它原來的歐洲的基礎，密切關係着，着重初級與高級中等學校（ginasio and collejis），它們提供大學準備的數育課程。這些學術性的中等學校，受到極大的尊重，而且傳統地通過大學，導向更高的社會地位與金錢上的酬報。其他類型的中等學校——工業的、商業的、農業的與師範的——人數少得多，然而，却是在這些方面的教學必須擴充。現代組織的勞工的壓力，工業的與都市的成長，以及學生的更大的社會與經濟的差異，對於中等學校所扮演的角色，產生一種影響力。已形成的趨勢，是朝向課程與教學的現代化，藉以應付巴西生活的急遽生長形態。各種不同類型的中等教育之間的轉學，已經比較容易。工業與商業學校的畢業生，現在可以選擇進入大學。巴西的二十一間大學，現正處在一種擴大過程中，其中許多朝向發展成爲大學城。整個大學制度，只有三十年歷史。以前，高等教育只限於醫科、法律和工程的專業學校。第一間現代大學，於一九二〇年組成，是爲里約熱內爐大學（University of Rio de Janeiro），將里約熱內爐的法學院、醫學院及工藝學院結合起來。一九三一年，巴西大學法（The Statute of Brazilian University of 1931）規定大學組織的型式，它需要至少三間高等教育的學院，包括一間哲學、科學、或文學院，加上任何兩間的法學、醫學、或工程學院。

巴西擴展中的拓殖疆界，它成長着的都市化與工業化，以及它的人口膨脹，在一個多變化的大陸的廣濶面積中，提供世界上具有決定性的教育事業之一。一九三〇年的改革運動，已供給一個強大的教育根基，在聯邦政府與州政府之間的充份研究與合作之下，能够促使巴西進步。巴西面臨加速教育投資的挑戰，俾得以培養足够的高級的人力，以應付它急遽成長的形態。

其他拉丁美洲國家，已實行他們自己的文化成長的革命，運用教育作爲一種主要工具。墨西哥（Ma-xico）一九一〇年的革命，使用這個激勵的口號：「教育是補救。」（"Educar es redimir"）；墨西哥通過教育的歷程，開始創造它現代的文化。拉丁美洲教育之興起，起先是緩慢的，然而，於獨立革命後，在這樣的天才人物如阿根廷（Argentina）和智利（Chile）的多明哥（Domingo），浮士丁諾（Taus-tino）、沙爾米恩多（Sarmiento）等人的領導下，進展得比較迅速。但是拉丁美洲教育的眞正變化，只有到了二十世紀中葉，才開始加速。

美國

美國的土地、人民與文化，是一個廣大文化接觸的成分，在這個文化接觸中，許多世界文明的傳統，獲得一個新的綜合。美國的大陸地區，是一條廣濶的地帶，跨越北美洲，從大西洋伸展到太平洋，其氣候類型，具有北極的寒冷，與熱帶的溫和。五十州聯合起來，大約有三、六一五、〇〇〇方哩。美國人口，是種族與文化的大混合，一九六〇年，人數超過一億八千萬。這個世界人口的五巴仙，生產大約四十巴仙的世界工業產品。路易士（Wyndham Lewis）相信，美國的許多人種集團的混合，及新的生活方式的發明，也許將會爲「宇宙人」（"cosmic man"）的開始作了預備。美國人的文化，植根於歐洲、亞洲、非洲及拉丁美洲，然而，他們也發展了新潁的本土的特性。三種突出的美國特質，是理想主義(Idealism)、可動性(mobility)與生產力(productivity)。美國發展的革命本質，與它的特殊的國家生活方式及教育，奠基於這些特色。

美國人的可動性，是地理上的，也是文化上的。西進的拓荒運動，城市的勃興，捕鯨船、飛機、噴氣機，太空火箭的遠途航行，以及汽車中心的生活速度，是這地理上的可動性的各方面。文化可動性，表現在運用普及教育，作爲自我改進與社會進步的一種工具。年輕人可以在比傳統文明會准許的更早的時候，扮演一個重要的脚色。個人獲得更大的機會，以決定他的前途。美國人的生產力，牽涉到一個不平常的科學實驗，與技術革新的結合，以創造一個豐富的經濟，和一個富裕的社會。這種生產力，需要一個教育上質與量的加速，以培養研究、管理及實施所需的高級人力。「繼續的美國革命」（"The Continuing American Revolution"），特別是基於一種發展的理想主義，它是超越的，與工利的，它提供了一種人道主義的方向。基督教的、希伯來的和希臘的道德傳統，由美國人在新世界裏，以新穎的本土的方式，加以推進。道德的理想、經濟的生產力及文化的可動性，這三者，從最廣義說來，是「繼續的美國革命」的大變動。

美國文化與教育變遷的歷史，可以分成三個主要時期。第一或稱黎明時期（Dawn Period），時間是在十七及十八世紀，其特徵是一種自歐洲移植過來的英才與民衆分開的教育，十八世紀終了前後，逐漸改變，朝向一種萌芽的普遍教育。時間的速度是緩慢的：牛車、馬及獨木舟的運動，每小時不超過七哩。家庭單位，幾乎是可以自足，而手工藝技術，乃運用水、風及肌肉作動力。學校有着強大的宗教基礎：主教派（Episcopal）、公理教派（Congregational）、荷蘭改革派（Dutch Reformed）或長老派（Presbyterian）。藝徒制度，提供識字與訓練一門手藝。美國的革命是社會的、經濟的和政治的，它創造一個新國家，自由地選擇其方向，而不必受到舊世界傳統的階級組織，政治上的保守主義，和經濟上障礙的妨善。在這個時期臨近終了時，一種特殊的美國教育策略開始形成。社區的初等學校，在新英格蘭（New England）發展起來。美國中學的濫觴，見諸於富蘭克林（Benjamin Franklin）一七四九年的「建議」（Proposals, 1749）中，他建議設立一種中等學校「愛克登米」（academy），此種學校，具有一種現實的課程，美國的中學，終於取代了拉丁文法學校。美國四年制的文學院，發展成爲一種寄宿學院，具有古典與物理課程，培養出像傑佛遜(Jefferson)、梅狄遜(Madison)、及阿當斯(John Adams)這樣的領袖人物。

第二，或稱形成時期(Formative Period)，這是在十九世紀，這時期目睹一種本土的美國文化的加速發展。隨着蒸汽機在生產製造、開礦與運輸的大量生產制度上的應用，帶來一種根本的技術上的改變。移殖墾荒的疆界，首先是緩慢向前，然後在得到新動力的耕具和鋼犁的大量生產，電絲鐵欄、風車、多發來福槍與六響手槍的幫助後，競向西進，越過大陸。同時，蒸汽機被應用於工廠、鐵路與河船，而在商業、工廠及運輸中心的周圍，聚集了大量的人口。教師在成長着的本土的普遍教育制度中，協助將許多文化熔冶在一起。一種美國的普遍教育制度，在逐漸形成，這制度由八年制初等學校、四年制中學、及一四年制的學院與大學組成。韋斯特(Noah Webster)以他的「拼字讀本」(Blueback Speller)，及他的有學術價值的與新創的「字典」(Dictionary)，協助建立起美國的教育。愛默生(Ralph Waldo Emerson)創立了美國超越的理想主義哲學，並於一八三七年，在他的「斐‧目他‧卡巴」(Phi Beta Kappa)講座「美國學者」(The American Scholar)中，領導朝向知識的獨立，堅持美國人揚棄他們對歐洲的模仿。曼恩(Horace Mann)領導爭取「普遍的」("universal")，非「部份的」("partial")教育，那就是將教育擴展到十四歲以上的少年時期。一八六二年的孟祿法案(MorrillAct of 1862)，創設了公地學院(land grant colleges)，以適應農業與工程的要求。南北戰爭(Civil War)蹂躪了南方，而阻延了它的經濟與教育的進展。在這個時期末了，現代美國大學，與它的研究院及專業學院，它的實驗室、圖書館、研究所，都發展起來了。大學變成對美國文明問題的科學的研究中心，而且是它的理論與實際建設的一種主要力量。隨着日報，廉價期刊，大規模書籍出版，以及圖書館、畫廊和博物館的設立之蒸蒸日上，非正規教育方式，乃迅速成長。

第三，或稱中道時期(Period of Mid-Passage)，時間是在二十世紀，這時美國生活，開始另一個大轉變。向西推進的一條拓荒疆界，已經消失，而國家變成逐漸地都市化與工業化。美國在文學、藝術、經濟、政治、技術和教育方面，已經成熟，而且以一個主要強國的身份，置身於國際外交中。從技術上言，美國進入新的工業革命，其特徵不但見於新動力來源——汽油、電力、原子與太陽能——同時也見於人類神經系統的同等物，如自動計算機的創造。大規模的科學研究，把高等教育與工業、交通、運輸及商業組織，連同聯邦政府，聯繫起來。

儘管發生了兩次世界大戰，與一次大經濟恐慌，而作爲一種文化改變的工具的普遍教育的發展，却在繼續中。心理學家何爾 (G. Stanley Hall) 始創兒童研究運動，且強調進化生長的過程。詹姆士 (William James) 是一個實用主義 (pragmatism) 的創始人，而且主張多元論。杜威 (John Dewey) 的影響，充滿於美國的教育與文化。他反映出美國拓荒者的樂觀主義與民主主義，而堅持學校必須是社會的一部份，與生活聯繫，且具有一種活動課程。杜威的偉大著作「民主主義與教育」(Democracy and Education) 下定義說，哲學是最廣義的教育理論，並且將教材方面的價值與個體的成長和發展予以平衡。美國教育者在朝向擴展普遍教育的世界運動中作先驅，發展了一種六——三——三——四的教育制度，包括初等學校、初級與高級中學，和高等教育。初級中學與初級學院促進了社區的教育。第一次世界大戰終結時，美國綜合中學形成它的型式，把四種一般學課程——學術性的或大學預備的、技術的、職業的與家事的——置於同一所學校中。利用學校巴士而成的統一學校的成長，使到鄉區能够將單個教室、單個教師的學校，結合成大的行政單位，因而初等與中等學級兩者，均能自實驗室、工作場及圖書館，與更好的組織課程中獲益。經濟大恐慌和第二次世界大戰，使美國通過聯合國機構，聯合國教科文組織，及第四點計劃 (Point Four plans)，而越來越深地牽涉到教育的國際變遷中去。兵士在他們的行囊中，帶着新思想從一個大陸到另一個大陸，而返國時，在軍人法案(G. I. Bi ll)下，加速擴展普遍教育到高等教育階段。二次世界大戰以後，與極權主義思想的衝突在繼續，而迫使美國重新檢討它的國家形式與教育策略。

歷史的變遷過程，其結果是一種具有基本特色的教育制度的形成。美國的教育，在初等、中等及高等教育的整個過程，都是普遍的。教育的每個階段，男女生都在一起學習。在文化形式上，男女合校的重要意義是廣泛的，它在爲婦女開啓機會，及教育男人，更實際和更能審美上，有着建設性的效果。美國的綜合中學，培育普通人和專家兩者，給予所有人一種普通教育，但又認識到每一個人有特殊的才能，這種才能，必須加以識別與尋出。

五十州中的各州，管理它自己的教育制度，而不是由一個中央的部來領導。通過由市民選出組成的董事會，負起地方社區的教育責任。然而，聯邦對教育的影響，是廣泛的，它包括一八六二年的孟祿法案，與一九一七年的史密——休士法案（Smith–Hughes Act of 1917）。美國教育署（U.S. Office of Education）對於教育制度的促進，作出值得注意的貢獻。學生在學校學習民主生活，學校是國家的民主社會的縮影。爲達此目標，一種課外活動的形式，被發展起來，包括學生自治會、校外與校內的運動，銅樂隊、交響樂團、歌詠隊和戲劇及辯論會。公立學校制度是世俗化的，因爲在美國，教會與國家乃分開者。美國的教育策略，已發展成爲一種緩緩加速的普通教育，它逐漸地和相當遲地到學院或高等教育階段方開始專門化。關於「生活適應」課程與「教材中心」課程之間，泛藝教育與專業分化之間，和教育的聯邦管理與州管理之間的平衡問題，爭執一向很熱烈。美國仍須應付給予少數集團充份教育問題，種族隔離問題，嘗試獲取聯邦經濟支助予教會學校問題，及各個不同的州之間教育不平等問題。美國的公立學校制度，從小學到大學，都因私人教育而加強，私人教育爲實驗與多樣化，提供不可缺乏的機會。

美國的高等教育，其特質見諸下列的趨勢：以它原有的歐洲的高等教育的根基，作一種繼續的文化接觸，一種本土的嶄新的高等教育形式的生長，公立與私立兩種高等教育形式多樣化的建立，各種不同學科的學者對所有知識的最終眞理的追求，以及一種繼續的專業影響力，對一種有活力的技術的與人文的文化作影響。

一些分析家指責說，美國的大學本科教育，主要是以英國制度作背景，而研究院教育則主要以歐洲大陸制度作爲其傳統，兩者之間，沒有連續性。然而實際上，大學本科教育的前兩年，對於進入一種有系統的學問探索，提供一個過渡期，而高年級學生已能寫作研究報告，而與研究生作業聯繫起來。美國兩年制的初等學院，對大學的最後兩年，提供一種過渡期。

美國已建立起一種本土的高等教育的組織。四年制的文學院，是一種美國的發明（如霍斯達他，哈代「Richard Hofstadter, C. Dewitt Hardy」及其他人所曾指出），而從最早時候起，文科與理科之間，卽具有一種眞正的平衡（在十八世紀，哈佛「Harvard」有一個專門教授，教物理學或科學，而其他的教授，教哲學和邏輯與語言）。而且公地學院或大學的創立，廓大了課程，使美國高等教育經常在一座校園內，將舊制的文、理、醫與法學院，和新設的農業、工程、教育、工商管理學院結合起來。美國的大學，從最早期起，卽從事於每一部門知識的最終眞理的追求，而大學思想的影響力，對美國文明的每一方面，產生長遠的影響，一如寇狄（Merle Curti）在他値得稱讚的著作「美國思想的成長」（The Growth of American Thought）一書所指出者。美國普遍教育的力量，全在它的統一與分化之平衡；而如康南（James Bryant Conant）所稱：「給全體青年平等機會，對全體忠實公民平等尊重，」爲美國的敎育目標。

美國的數育策略，由於它與某些英語系統世界裏的年輕成員，如加拿大、澳大利亞和紐西蘭，及它們對促進教育的貢獻產生聯繫後，而豐富起來。這些國家中的每一成員，都對普遍教育之進步，而獻出巨大的知慧、金錢和力量，而在太平洋與大西洋國家社會中，扮演了主要角色。

第六章　教育制度成份的發展趨勢

方　針

傑出的美國生物學家康克林（Edwin Grant Conklin）說：「在時序上，我們今天僅是年幼兒童，擺在我們面前的，是無窮的歲月，與人類無限的廣大前途。」特別是在一個核子時代，似乎每一種文明都必須尋求它的教育制度的長處，作爲它自身生存與進步的最佳保證。一個國家，必須從事於它的教育制度中所有主要組成部份的睿智的改進，藉以獲得長處。這些組成部份，可以分成三大類：方針（orientation），包括哲學、法律、財政；組織（organization），包括一般組織、初等前、初等、中等、與高等教育，和大衆傳播工具（mass media）；實施（operation），包括學生、教師、課程、教學法、教材、評斷與測驗，輔導、督導與行政。一個國家或一種文化的方針，對於決定它的教育制度的成功，是不可缺少的。林肯（Abraham Lincoln）正考慮到這點，當時他說：「只要我們能明白自己之所在，與何去何從，我們能更好地判斷應該做些什麼，與如何去做它。」方針包括哲學的世界景像，這哲學景像控制着它的教育類型的目的與目標。法律規章與財政預算，是一種教育制度的國家哲學的實質表現與實施。

英國普通法（English Common Law）的偉大記錄者與解釋者科克（Edward Coke）指出，法律乃是

最安全的保障 (tutissima cassis)。全世界的規章與法典，已道出教育方針的趨勢。一八六〇年代與一八七〇年代，美國、英國、法國與日本的法典，顯示出朝向急遽展延免費的，強迫的公共初等教育，與一個開始擴張中等及高等教育的哲學的趨勢。許多二十世紀的規章，記錄了「一個洶湧澎湃的浪濤」(a ground swell) 朝向中等教育爲全民開放的發展，如英國的一九四四年的巴特拉法案(England's Butler Act of 1944)，及法國的一九四九年的郎之汶法案 (France's Langevin Act of 1947)。法律也忠實地記錄了主張一般化基本學術科目研究，與主張更專門化職業知識與技能之間的鬪爭。一九五八——五九年的蘇聯法律強調增加工藝化與學習職業科，而同時期的美國國防教育法案(U.S. National Defence Education Act) 却在擴展如現代語言、數學、科學與輔導等這類的基本科目的教學。法律是與財政預算直接地聯繫着，而撥款不充份，是不能實現法律所據的那種哲學的。

據此，一個國家的教育哲學，不單在官方的政府文告，或規章，或施行這些文告的法律中表示出來，而且也在實際的教育開支中表示出來。因爲教育開支，有各種不同的定義，很難對用在教育上的國家收入巴仙率，作一個國際的比較，它的差異，由一至七或八巴仙不等。本來用以促進教育的開支，是基於信心的基礎加以估計；現在我們擁有統計上的證明。就歲史上而言，日本和丹麥 (Denmark) 代表這樣的國家，他們缺少自然資源，但是比起更爲富裕得多的鄰國，獲得一個更高度與更早的成長率。丹麥由格龍維主教(Bishop Grundtvig) 與他的同僚所設立的國民高等學校，加上強迫的初等教育的優良基礎，使得丹麥農人在他們的生產活動中，明瞭與實施廣泛的改變，而爲丹麥的繼續的繁榮，奠下一個基礎。丹麥人以加強的製酪業取代穀類生產，自新大陸的競爭的農業國輸入穀類。在日本，迅速的經濟成長的基本因素，是明治時代公共強迫初等教育之設立，它實際上在十九世紀末年消滅了文盲。在另一方面，中國與印度都比較富有自然資源，却有着一個很高文盲比率，與一個低落的經濟發展。舒爾滋 (Schultz)、路易士 (Lewis)、索洛 (Solow)、巴克爾 (Becker)、艾格丁 (Edding)、偉西 (Vaisey)、凱洛夫 (Kairow) 與羅貝爾 (Lobel) 等教授所作的先驅研究工作，已供給我們在一個國家進步中，教育的經濟重要性的堅實的統計資料。例如，索洛教授 (Professor Solow)——在檢討一九〇〇年及一九六〇年之間美國的總計農產後——得到的結論是，只有十巴仙的經濟成長，可以算是由於資本的累積，新的物質資源，而人口的生長，因而餘下的九十巴仙，乃是由於技術進步，這個總標題下的其餘因素，包括教育、組織與發明力。關於在教育上投資的贏利，經濟學家的估計，實在驚人。美國的巴克爾教授(Professor Becker)爲國家經濟研究局(National Bureau of Economic Research)作了縝密的估計，顯示出在一九五〇年，美國的男人，在他們私自個人於中學、學院與大學教育所作的投資——包括他們自已直接的用費和在接受教育時他們的薪水方面的損失，仍獲得一四・八巴仙的贏利。如果加上公共的用費，其比率則減低至十一巴仙。在蘇俄，凱洛夫教授(Professor Kairov)計算得，實行普遍的四年制的教育，結果得到一個比原來開銷數目多了四十三倍的經濟上的利益。這此數字，只有在一個有高度發展的教育與高度經濟成長的社會中，才會有的。

教育制度的方針，特別是建立在哲學上。一般說來，哲學有五個方面的問題，其中每一個都有一個主要的哲學部門加以探討。這些部門，及它們的問題，是直接地與教育面對的問題有關：

哲　學	教　育
價值論(Axiology)：價值的理論、倫理學與美學	一個教育制度的一般目的與目標。
形而上學(Metaphysics)：人與宇宙之本質	人類與他們的文化環境，教師與學生之本質。
認識論(Epistemology)：知識的理論	知識或教材與課程的範圍。
論理學(邏輯)(Logic)：批判的思想的藝術	教學法
政治或行政哲學 (Politics, or Philosophy of Administration)：知識或專業的一個特定範圍的哲學	教育範疇內的行政、人事與公共關係。

哲學的各大部門，在許多方面，是並行與有助於解決不單是哲學的主要問題，而且並行與有助於解決教育上的主要問題。哲學的每一部門，不但對教育面臨的一個主要問題，有着一個直接與並行的關係，並且也能够非常有效地協助哲學的其他部門，解決教育的主要問題。邏輯不單直接關係着教學法，而且也有着闡明和敍述一種教育制度的一般目的與目標的作用，同時，一般說來，它對教育的其他方面，提供了無價的理論與實施的批判。

一種文化的教育制度的哲學或方針，關切它所希望塑造或教養的那類人或社會性格。馬達利亞加

(Madariaga) 曾指出，英國人稱讚實行的人；法國人賞識智慧的人；西班牙人欣賞熱情的人。李斯曼 (David Riesman) 和他的同僚在「孤寂的羣衆」(The Lonely Crowd) 一書中爭論說，從歷史上言，個人和文化傾向於追求三種社會個性：傳統導向 (tradition-directed)、內在導向 (inner-directed) 與他人導向 (other-directed)。李斯曼說，在西方文藝復興 (Renaissance) 與宗教改革 (Reformation)，產生一種變化，從一個傳統導向的社會，變爲一個內在導向的社會，這種內在導向的社會，在一個人的極早期的生活中，卽播下競爭的目標，藉此獲得一致性，且以一個自治的心理廻轉器 (Psychological gyroscope)，代替過去在傳統導向社會的外加的禁忌與處罰。在他人導向的社會中，個人爲一個雷達似的感性所控制，而留在同輩夥伴中，這據云是伴隨着工業主義，資本主義與都市化而出現的，特別是在美國的大都市，與某種程度的歐洲爲然。這些分析家覺得，共產主義在世界舞臺上，已成爲一種危險的、反動的與威脅的力量，因爲它企圖依照過去的印像，如階級鬥爭、無產階級的勝利，以及運用武力與順從，來安排世界的前途，爲生存而展開毀滅性的鬪爭，而不是從事於互助和創造性的技術、教育與經濟的交換，這些對於建設性的文化接觸，是如此的必不可少。

每一種文化或文明，都通過應用一種教育制度，以尋求一種哲學理想或烏托邦 (Utopia)，這種教育制度，乃是組織來創造這樣的一個未來的。墨菲 (Gardner Murphy) 曾指出，我們現在正在一種比較以前更高的階段上，從事於尋找人類的潛在能力。民主主義供給了自由的土地，它鼓勵多樣化，與個人才能的廣泛發展，而極權主義堅持在文化世界中的一種無生氣的劃一性。

世界前途，將由人民大衆之間的衝突，或合作來決定。那些能清楚了解他們的教育制度的方針，朝向一個哲學的世界景像，與那些構造、組織與實施他們的教育制度，以達致這些目標的民衆，將會成功。我們不能生活在一個覺醒而同時又是悲觀的時代，在這個時代中，人主要關心的是生產方法，與對他的未來環境的可能性，採取一種機械的手段。卡西利爾（Ernst Cassirer）與赫胥黎（Julian Huxley）已經指出，人的獨特性，乃在他能夠通過符號概念思想的能力，創造新的眞實的寬廣度。人生活在一個符號的世界，這使到他能夠繼續不斷地以他自己的理想，創造出新的力量工具，來改變他的實質環境。人能創造烏托邦或符號的構造和理想，這些超越了一個消極的對目下事物狀態的協定，幫助克服他的天生的惰性，且給予他神似的能力，以創造一個更崇高的世界。今天世界的大學，就是人類利用一個教育上的發明，不但傳遞過去的文化遺產，與實施今天強有力的機器與理論，同時也描繪了一個更廣大的有酬報的未來的例子。有一種每個學者、政治家、教師、學生必須漸加注意的烏托邦，乃是一個具有一種「倫理生態學」（Ethical Ecology）的烏托邦——一個環境，其特徵爲互助，它具有倫理方針，爲每個參與者，提供一個美好的生活。這種烏托邦的構造，堅決認爲，沒有任何有機體、或有機體的社會、或文化社會，能夠降低或毀壞它自己的環境，因爲，這將導致自我毀滅；相反地，有機體或社會，必須保持及豐富它的環境，朝向一個最高度的平衡。

組　織

一個國家教育制度的組織，反映出推動及指導它的文明的哲學。其結構式，是溯源於過去，而受現代的變遷與發展中的未來的壓力所影響。過去的影響力，是極堅固與持久的。現代教育的結構，得自這樣的不同來源，如宗教改革的方言初等學校，拉丁文法中等學校，與中古大學，因而缺乏繼續性與關連。正如我們在研究不同文化區域的教育制度時所見到的，本土的文明歷史，對於結構的形成，具有一種確定的影響。教育的一般組織，與兒童的實足年齡 (chronological ages) ，以及與幼兒、兒童、少年、成年的各主要時期，有關不同的關係。

一些主要的組織上的歧異，必須加以注意。古典的英才和民衆分開的教育制度，有着一個共同的初等學校或小學。在十一或十二歲時，少數學生被准許繼續進入特殊中等學校、導向大學及專業學校。其餘的學生，追求一種初等學校的延長教育，而在十四或十五歲時，正式結束。在英才制度下，大約三至五巴仙的學齡青年，進入高等教育。普遍的教育制度，把所有學生包括進共同的初等與中等學校去，這種中小學校，儘管有些退學，却收容大部份學生，直到十六至十八歲。大約十至二十巴仙，在一些高等教育學府繼續他們的學業。

教育不同階段之間的連續上的預備，是一種教育制度的一個重大特色。在俄國，重點放在一種十年制的學校制度。在此連續中，是中等階段的區分，劃分爲不同類型的學校，諸如職業的技術學校，和較新的工藝學校。歐洲的學校結構中，初等與中等教育之間的銜接中斷，這在各方面受到攻擊。德國的「教育委員會工作綱要計劃」(Rahmenplan) 通過增加學級，運用國民學校 (Grundschule) 的展延，以獲致連續。法國人應用「補充課程」(cours complémentaires)，以提供「公立初等學校」(école communale) 與國立中學 (Lycée) 之間的進一步連繫。美國把初等學校最後一級，作爲通向初級中學更專門化的教材教法的一道橋樑，以爲繼續的預備。初級中學爲進入相似然而却更高度發展的高級中學，提供一個過渡時時。初級學院和四年制學院的前兩年，正漸加有組織化，以供給一個更好的過渡，進入發展速度及要求各不相同的學院學習。

歐洲與亞洲的教育制度組織的一般情形，是男女分校。在美國通常規則是男女合校。關於依照能力分組 (streaming or homogenous grouping) 的教育制度政策，是教育組織的另一個方面。英國應用「能力分組法」(streaming)，極爲有效。學校與教育的建築物，它們本身的演進，反映出教育的組織，儘管極佳的現代教學，是在古代的建築物中進行。一種校園的組織形式的趨勢，已發展起來，這趨勢是，建築物聚集在充足的場地上，以提供露天運動及戶外實驗工作，以交通設施，來作進一步的擴展，俾能更廣泛地利用社區及地區的方便機會，作爲教育用途。

在法國，設有「保育學校」(école maternelle)，收容二至五歲的兒童，使初等前的教育，成爲學校組織中的一個正規部份。俄國已建立起一種廣泛的初等前的組織。一般說來，學前與幼稚園組織，比起繼起的學制中的各階段，要爲落後。初等教育的內部組織，在不同的文化中，差異極大。在許多國家，傳統的初等學校組織是分級制，再細分爲單個教室的學級和班，每一個班級，以課本、黑板和筆記爲中心，完成它自己每天的作業。與此對比，是一種比較富有彈性的初等組織，它的活動，從班教室工作場，至其他設施：體育舘、圖書舘、實驗室、藝術室、工作室、遊劇場和園地。

中等教育的組織，正處在一個變動的過程中。關於保存舊有專門化的中等學校類型，這些學校，社會階級，和學校種類之間，有着密切相關係數的，與較新的趨勢，朝向高度品質的學校，而所有兒童可平等地進入，這兩者之間，各國正在爭論之中。英國可以很好地保留各種各樣的中等學校——文法、技術、綜合與現代——各類型內容豐富，因此提供平均地高度的教育準。法國和德國，正進行着細心考慮過的變革。現代工業的都市化社會的來到，使得爲社會階級保存各別的教育制度成爲越來越不明智，因爲越來越需要受過良好教育的人，而這是數目有限的特權集團所不能塡補者。二次世界大戰以後，主要的改變開始產生，那是朝向強迫免費的中等教育，達到十六歲或十六歲以上。歐洲人聲稱，獎學金及各種不同的經濟援助，給予大多數有才能者一個平等的機會，而不論他們的背景是什麼？但是，統計的調查，却不能證實這個觀點，因爲對於所有當時有才能的人，提供太少的名額。

中等教育組織的改變，包括幾個方面。受中等教育控制的，特殊準備的初等學校，一般地已廢除。離校年齡自十二歲提高到十四、十五、或十六歲，使到所有兒童能够在平等的立脚點，依照他們的年齡、性向和能力，享受中等教育的利益。爲鄉村兒童而設立的統一或現代學校，幫助平等化機會。在比較高度發展和成熟的國家裏，其趨勢是延緩一種職業的選擇至十六歲或更遲些，以前須在十一或十二歲時決定。在低度發展的國家，中等教育是組織中的重要階段，因爲必須提供足夠的名額予每個有才能的學生，藉以爲高等教育提供足夠的新學生，高等教育培養高度訓練的、專業的、技術的人力，這對國家的進步爲不可或缺者。

今天世界各種不同的文化中，高等教育的組織是不相同的。一般說來，歐洲大陸有一個高度選擇性的高等教育制度，它事實上是一系列的大學院的專業學校。大學是追隨巴黎大學的典型，設有大的文理、法律、醫藥和神學學院。技術、工程、教育和應用的科目，從大學中分開，如在法國的「高等學校」(grandes écoles)，與在德國和瑞士的「高等技術學校」(Technische Hochschulen)。舊有的英國大學的一個獨有特徵，便是由大學講堂與實驗室提供的一般智慧訓練，與獨立的寄宿的大學院之間的結合，這些獨立的寄宿學院，強調個別的輔導，使不單成爲一個學者，也同時成爲一個紳士。

在美國，大學的選擇比較不嚴格，而從普通的大學本科教育開始。大學也成爲綜合性，在同一座校園裏，不但包括了傳統的學院，也同時包括了建築、工商管理、教育與工程等特別學院。一些專門化的技術學院在繼續着，然而，其趨勢是朝向更一般化與綜合性的大學。大學是迄今爲止所設計以培育高度智慧人力的最有效力的組織，這種人力，對於解決由長期因素造成的廣泛問題，乃是不可缺少者，這些長期因素，塑造任何的文明及其教育。只有大學，具有充足的智慧上的寬度、深度、與連續性，以提供學者、學生、研究場所、圖書舘和實驗室，這些對於教學、研究與服務的進程，是不可缺少的。大學是教育金字塔(educational pyramid)的頂點，它的畢業生，以他們知識上的貢獻，可以極迅速地影響他們的環境。極權國家與民主國家的大學生相對的生長，對於決定權力鬪爭的結果，起着很大的作用。

實施

在一個國家中，一種教育制度的實際實施，是對它應付文明的重大問題的效率的一種有價值和準確的指標。方針和組織，也許是可欽佩的，但他們仰仗實施過程中的每日的施行，這包括教師、課程與課程大綱，教學法與教材，評斷與測驗，輔導與行政。一個國家中，教師的地位和師範教育的水平，是實施效率的主要關鍵。在許多國家裏，初等、中等和高等教育教師之間的訓練和待遇等級之差異，在繼續存在。反趨勢已經出現，它們通過相等訓練和薪金率的制度，朝向初等和中等學校教師之間地位的平等化。師範教育逐漸地與大學或學院發生連繫，藉以在專業的教育訓練之外，再得到基本訓練的益處。課程的編製，已朝向一種綜合廣博的文化教育與專業化職業訓練的方向。懷赫德(Alfred North Whitehead)主張在一種非衒學的、美感教育中，培養一種普通人與專家綜合的人才。一九五六年的一份法國官方文告中，關注到將一般陶冶(culture générale)的機會，推廣及人數更多的青少年羣中。尼日利亞中上教育委員會報告書（一九六〇年）(The Report of the Commission on Post School Certificate and Higher Education in Nigeria)，提及一種新式的中等與高等教育的重要性，這種教育，是一種傳統文學教育與較新的技術、農業與實用科目之間的綜合體。

每一種教育制度，對於教學方法，都會作出一定的貢獻。英國人有完善的伴讀制（tutoring），特別是在牛津(Oxford)和劍橋(Cambridge)的舊式大學。這是一種花費而却有價值的方法，它被採用於更大的組中，諸如導師制(preceptorial)。德國人促進了講習與實驗的教學方法，在此種方法中，學生學得如何從事創造的研究。有價值的法國的「文章闡析」(explication de texte)法，從每一個可能觀點，來考察一篇特定的記事和論文，藉以闡發其重要性。杜威(John Dewey)在他的問題方法(problem mathod)中，作出了最值得注意與獨特的美國人對教育的貢獻之一種。他相信教師在澄清認識與激發學習兩方面，須利用兒童好動的傾向。杜威的「思維術」(How We Think)一書，在爲學生而定的著名的五個步驟中，概括了他的問題方法（實際上，是科學的思想方法）：㈠感覺着一個問題，若是一個妨礙他的繼續活動的問題更好；㈡確定該問題；㈢尋找資料，以提出可能的改造他的活動的方法；㈣推測這些提示會導致的結果；㈤以實際行動實驗最可行的提示或理論，以達致他的目的。

換言之，活動的教育學，乃是以實驗來學習眞理。杜威勸告教師，使學習對於學生實現他自己的自然性向上，有所幫助，以此來激發學習。

教學方法的效率，與教材的改進，是密切聯繫着的。各種文化通過改進他們的教材，而對於一種教育技術作出他們的貢獻。英國人是製作紀錄影片的前驅；法國人和德國人是精緻地理掛圖與地圖本的領導者，對於研究一系列的廣泛的學科，它們是不可缺少者；美國人通過杜威的分數制 (Dewey decimal system)，對圖書館作了有系統的改進，對於圖書館學的一般發展，也作出系統的改進。在視聽教具方面，已經做了廣泛的工作；包括十六釐米的安全影片，電影放映機，以及收音機與電視機之應用作爲有效的與有生氣的推廣教學。柏利西（Pressey），斯京那(Skinner)，以及其他人設計了各種不同的教學機器，且有希望創造一種教學技術，能使到各別學生依照他自己的速度進步。此時，教師能享有的暇間，對學習作創造性的督導，但必須分配更多的時間予一個知識領域，以計劃學習單元。教學機器(Teaching Machines)使學生能够解決依照順序逐漸增加難度的所設計的問題；糾正他自己的錯誤，與扮演成一個自我輔導者(self-tutor)。其設計包括從爲解決問題而設計的書本，其方法爲互相對照，而非依順序的閱讀，以至於複雜的電子箱（electronic consoles），能教導學生歷史，數學，或積橋（contract bridge）。新的教育技術，能給予學生和教師更大的效率與創造性。在運用實利的能力機器方面，智慧的創造性，能够創造一種新的教學上美感優越點。

各國之間的評斷，測驗、與輔導，有着很大的差異。歐洲人傾向着重口試與寫作的論文。美國人已發展一種統計上控制的標準化考試，而且廣泛地應用它們。愈益明顯的趨勢，是測驗程序與對各個程序的缺點和優點採取批評態度的一種深思熟慮的結合。測驗與評斷過程，乃是批判的工具，因爲他們在教育進程的各階段，決定取捨。因爲在教育計劃中，學生的需要，性向、與才能，已扮演了它們適當的角色，輔導已成爲日益重要。例如，一九五九年正月六日的命令與法令（Order and Decree）中的法國改革，即具有設立教育輔導，妥當地與實際教學並列這一個重要目標。

行政與和它相屬的督察及視導，對於一種教育制度的成功，具有極端的重要性。在相對地地方分權的美國制度，其行政政策，與那些高度地中央集權的法國行政制度政策不相同。英國的制度，給予個別的校長與學校教職員一種高度的權力，與教育部（Ministry of Education）行使的相當程度的控相制衡。保佛爵士（Sir Graham Belfort）謂，教育行政必須能使「在一種國家財力所能負擔的開銷下，適當的學生，從適當的教師，獲得適當的教育，而在這種情況下，使學生能自他們的訓練中，獲得益處。」各國之間的行政，互相歧異，因爲構成「適當的」教育的定義、實質上不相同。歐洲的學校，校長與大學行政人員繼續要教學。在美國，行政人員覺察到極困難繼續任何的教學活動。一種教育制度中的行政工作，關係到整個實施，全體人員，預算、組織、公共關係，建築、課程、與教學的領域，而可能被文件工作所苦。良好的行政工作，已逐漸關注到教學的職務上的改進，以及提供一種環境，在此環境中，教師與學生能成爲一個學者社會而從事工作，得到適當的保護，而免於受到許多有勢力的集團，和自封的教育實施批評家的擾亂。

在許多國家，教育行政人員和領導人，曾作出像政治家一般的貢獻：印度的卡比爾（Humayun Kabir），英國的克羅特（Geoffrey Crowther）與傑弗里（M. V. C. Jeffreys），法國的加爾（Roger Gal）與克羅斯（Louis Cros），美國的康南（James Bryant Conant）。

教育制度成份的比較研究，顯示出在建設性趨勢中，一種有價值的文化上的歧異，且正在教育方針，組織、與實施範疇內產生、不管有着許多的頑強與固執的障礙。

第七章　向教育制度挑戰的重大問題

欲維持與促進一個國家形式，使足能生存與進步、則教育制度必須應付那些重大問題呢？前面對不同文化地區的教育的探討，已敍述了一些國家形式演進的情形，連同分析了它們的教育制度的組成。只在方針，組織、和實施上，比較它們教育制度的組成，乃是不够的。我們必須也要問：這些組織，在統整形式(integrated form or gestalt)下，對協助國家解決長時期以來，由該國文化的各種因子造成的長期因素，在實施時，引起的問題，其功效到底如何？

國家形式與文化接觸

一種國家形式，乃是一種文明在應付當時的重大問題時，所表現的行爲方式。它實施於所有生活的各方面；這些方面，我們稱之爲長期因素。一個國家人民，從事技術革新、實行他們的家庭義務、享受藝術，與處理他們政府事務的態度，便構成它的國家形式。一種國家行爲方式，必須如此發展，使得它可以在內促進建設性的本土的生長，而在外、促進一個有利的外在環境、卽是，從事一種建設性的文化接觸過程。霍斯科維支(Melville Herskovits)與他的在人類學方面的同僚，創造了「文化接觸」(acculturation)一詞的現代科學的用法。

文化接觸(acculturation)是指文化接觸的過程(the process of culture contact)，而且是文明興起

與發展的不可分割的部份。各族人民沿着商業路線，居住的邊陲，政治地沿、戰場、及國際會議上，繼續接觸與交流思想及物品。美國與日本兩國，提供了廣泛文化接觸的例子。美國文明，乃係建立自一種大量移植歐洲、非洲及亞洲的文化，加上一系列的內部革新。日本輸入與採取某些部份的八世紀唐代文化，而後輸入與採取許多方面的十九世紀的歐洲與美國的文化。這些都是鉅大的教育上的大事件，在這些事件中，教育可視爲通過一種文化接觸過程的文化傳遞。一種文明，需要洞悉它的國家形式與文化接觸之間的密切關係，保持與改造它自己的本土文明，同時在外界的世界環境中，促進它的國家利益。這種洞察，使一個國家能够運用它的教育系統，更明智地應付重大問題。霍斯曼（G. Hausmann）稱這是「文化接觸的世紀」（The Century of Acculturation）。

教育制度，必須保持它們過去的固有文化，否則，那將失却基本的交通、合作、或安全。教育組織，必須是改革者，應付加速中的現在和將來的種種壓力。試觀人類歷史，我們可以看見文明的分崩離析，而不能運用教育作爲一種保持和革新的工具，也看到文明的繼續，它們已證實能運用它們的教育制度，應付當時重大問題的挑戰。我們怎樣可以有系統地考查這些挑戰呢？有一個方法，是將文化中的長期因素與和它們有關的長時期的問題連繫起來，加以分析。這些問題，用舊時希臘對照表式，羅列於後，它後之間，並有一道空格：

長期因素　　　　重大問題

一

民族　數量與品質

空間　互助與生存鬬爭

時間　固有的生長與外來的交換

二

語言　交通與想像

藝術　美感與實用

哲學　冒險與和平

宗教　倫理與信仰

三

社會組織　英才與平民

政府　自由與紀律

經濟　革新與保守主義

四

技術　適應與創造性

科學　自然科學與人文科學

健康　體魄與知慧

教育　專門化與普通化

顯然地，每一個問題，並不只與一種長期因素有關，實際上，是與所有長期因素均發生關係。爲了考查起見，每一問題，被特地與一種長期因素連結起來，由該基本學科進行研究。

民族、空間與時間

民族或人口的長期因素，對每個國家，提出了均衡量與質的挑戰。各國正面對着一個人口生長或膨脹，這種人口膨脹，或會超過技術的能量，以生產食物，提供居處和服務。印度與日本，正從事國家生育控制的教育計劃，其效果仍未淸楚。二次世界大戰以前，美國和法國似乎正進行使人口穩定。然而，一九四〇年以後，美國人口出生率有着一個顯著的增加。相同的現象發生在法國，但是，這兩個國家的土地面積和技術，足能適應這種改變。一種文化，需要足夠的醫藥，與社會服務的專家們的教育，以應付人口問題。普通階段的教育，必須是高到能利用人民中的所有人才，而不致有所浪費，同時，使到一般公衆人士迅速明瞭人口問題之變更。

每一種文明，都是在它的生存空間或地理山川中施行。一種教育制度，必須訓練在保持山川風景上，互相幫助，這山川風景，同時又經受一種不斷的生存鬪爭。新的技術，帶來急速和有生氣的改變，包括急遽的都市發展，以及超級城市的現代化現象。一個國家，需要培養足夠的專業人才——森林學家、農業經濟學家、地理學家、地質學家、社會學家與地區設計者——以應付空間問題。一般公衆人士，需要有關保持山川風景與市鎭和地區計劃的敎育，作爲互助的方面。沒有任何社會，能許可沾汚它的空氣和水，或摧毀它的森林地區。我們需要一種對生態學的正確了解，作爲在各物競爭的自然山川裏的一種生存鬬爭。太空旅行的影響力，已把人類送入新的哲學、宗教、技術、和政治的境界中。我們向太空跨進的第一步，已在全世人的心靈裏，發生深切的影響。

時間，時間關係的概念，與——從最廣義來說——歷史的觀念，對於任何文明，都是重要的。歷史關注一種文化內部的固有發展情形，以及外在的與別種文明交換或發生接觸的情形。人類歷史，就是一個一個廣泛的文化接觸的歷史——有時是毀滅性的，有時是建設性的。一種敎育制度，普通需要提供學生有關歷史發展過程中，文明運動情形的正確知識。缺乏一種歷史的透視，個人與文化對當前問題，不能洞察，沒有此能洞察，將缺乏對將來的觀察力。尼采(Neitzsche)說，時間或歷史的覺識，給予人「迅速推知評價品級次序之能力，一種民族，一個社會或個人，乃是依循此種評價而生活者」。遠離此種對歷史的覺識，或許就是一個國家絕望的一種徵象。

語文、藝術、哲學及宗教

語文在敎育上，包含著重大問題，因爲它是一種媒介物，每一種文明，運用其語文符號，通過它，進行學習與成長。交通的明晰（一種通訊制度的邏輯與忠實），對於一種文化的存在，乃是極重要的。對於新的、想像的文字符號、音樂符號、數學及科學符號式樣的自由實驗，也是同樣重要。因爲一些受約束的思想，而造成語文上的限制，已導致毀滅性的後果。一種在核子時代的教育制度，必須提供充足的母語與外語的語文教學。語言學與有關科目能協助澄清和控制一種文明賴以交通的通訊制度。語言也是對新舊理想的想像上的探索。文學的領域，乃是想像的領域，而作家或許是世界上最危險而有價值的人，因爲他運用符號，以激發想像，推動人類的思想。教育制度關注培養正確的交通與想像的文學兩者。

在每一種文化中，藝術是一種最重要的因素。即使是最原始的民族，也珍視藝術，而在他的獨木舟、居所典禮，或舞蹈中設計。在藝術領域中，美感與實用的兩極端間，具有基本的重要性。羅素(Bertrand Russell) 在他的著作「教育與美好的生活」(Educatioh and the good life) 中指出，每一種文明，必須有着一種實用與美感之間的平衡性。偉大的藝術，是從實用的需要中設計出美感的形式。羅馬萬神殿 (Roman pantheon) 的建造，標誌着建築史上的一個大轉變，這座建築物，對於天面的構築，提出新的與美感的解決方式。這萬神殿，是一座巨大的混泥土鼓形建築，頂端蓋上一個大圓頂，與前此的用柱與楣的建築方法所引用的大量柱頭對比起來，這種構築方法，創造了一個寬廣的空間。一種粗魯的實用，可能會非常醜陋。跨越泰晤士河 (Thames River) 的查林鐵道橋 (Charing Cross Railway Bridge)，與其他泰晤士橋對比，這些橋既實用，同時也美觀。一種純粹實用的文化，是一種危險的形式，因爲它不利用激動與平衡，這兩者是源自美感價值。一種美感風氣——不管是在文學方面的，抑或建築方面——是一種文明和一個時代生命的好指標。二十世紀中葉，建築的風氣，與萊特

(Wright)、沙阿利能家（the Saarinens）、科布西爾（Corbusier）、格羅比（Gropius）、羅希（Míes van der Rohe）、尼恩麥雅（Niemeyer）與史頓（Stone）諸建築師的關係，就是一個例子。一種最高級的教育制度，需要所有的學生，從事藝術的探究，而對實用設計的理論，能予洞察，這種實用設計，能帶來一種高度的、工程上的實用與美感形式的結合。

在每一種文明中，哲學製造和協助解決重大問題。設若沒有形而上學，或是人與宇宙之間的關係的一種哲學概觀，即無文明可言。哲學所最關注的，是價值的選擇。在一種文明的一個價值系統中，最大的相反之一，是朝向冒險與和平這兩種運動之間的衝突。沒有冒險，便無生存，因爲世界在不斷變動中。和平也正如冒險一般地必要，因爲人類在一個安泰的朋友社會中，需要時間來思考。哲學對於每一個人都極重要，它給予每個人一個機會，看到他自己的生活方式，以及他所生存的世界的景象。蒙泰納（Montaigne）覺得，哲學的探討，通常被延遲了，直到已經太遲而大多數的錯誤業已發生。對於價值系統的一種洞察，於教育來說，乃屬不可缺少者，倘若教育要爲未來作出聰明的設想。我們的現世界，是人道主義的偉大時代之一，而且如同所有偉大時代一般，它具有危險的因素，這種危險的因素，在應付加速發展的科學與技術所帶來的挑戰時，需要一種和平與冒險的交替。

宗教，作爲每一種文明中的一種不可缺少的因素，它所關切的，不但是倫理與美好的生活，同時也注意由信仰者的一種典禮和一種聖餐所加強的誠篤和信仰。在每一種文化中，一種繼續不斷的奮鬪在進行，要使宗教對少年人及老年人發生關係。在每一個時代，一個國家必須面對提供各種各樣的宗教經驗的挑戰，這種宗教經驗，滿足個人在某種超越的最終價值上，對一種倫理生活和對一種信仰的需求。這種超經驗的最終的價值，是一種他能相信的奧密。在過去，宗教會經是偉大的文明媒介物之一。基督教(Christianity)、伊斯蘭教(Islam)、猶太教(Judaism)和佛教(Buddhism)帶着它們的文化，傳過了世界的海洋和大陸。教育制度會採用不同的辦法，對此問題進行實驗，其中包括國家教會、「協同綱領」("agreed syllabi")及政教分離等。

社會組織、政府及經濟

在每一種文明中，優秀份子與廣大民衆之間的關係，對於社會組織，一直是一種挑戰。舊時武人和文士優秀份子，已讓位予新的商業、政府官員與軍人階層的優秀份子。優秀份子的制度，較之這些名詞所含的意思，要更爲複雜，因爲此外，它們還必須擁有偉大的大學、實驗中心及金錢與工業權力中心。假如一種教育制度，能培養一種優秀份子的領導，一種「才能的貴族」(aristocracy of talent)，與一個受有高度教育的廣大中等階級的普通民衆，則這種文化，有一個很好的生存和進步的機會。社會學家會對社會階級與流動性，做過努力的研究，這種社會階級與流動性，表明優秀份子與廣大民衆的關係。一種教育制度，對於訓練許多階級的優秀人才，及在各個教育進程的階段，提供過渡橋樑，俾遲成熟者不會被忽視，在這些方面，負起越來越大的責任。

教育在政治領域中，面對着培養自由與紀律的問題。一些政治學學生，懷疑到底這個目標是否能達到。他們堅持，國家在基本上，乃是非道德者，而在一種逐漸地彌漫的集權態度下，對個人強加上它的統治。世界的民主國家經已證明，教育能訓練一種公民，這種公民，把個人自由與自我約束結合起來。政府已擴展它的政治統治，顯然越來越關注個人的福利。在一個民主國家裏，教育維持各種言路公開，而且確保人民運用它們。教育制度在不同方面——利用運動與遊戲，學習中理智的嚴律，通過級長或學校理事會的學自活，及青年團體——訓練自由與紀律之間的一種平衡。巴羅幹（D. W. Brogan）、波洛克（James Pollock），與他們在政治學方面的同僚的著作中，已分析了教育制度與政府的關係的許多重要方面。

在我們所處的急速發展的歷史時代，已指示出經濟對教育的挑戰。它須平衡公共防衛、福利及教育上的革新和理論思想，與操縱勞工階段派、資本資源，和一種給予消費者高度奢侈的保守主義的對抗。在二十世紀中期的美國，構成私人富裕與公家節儉之間的矛盾的一個個案研究實例——即是，不平衡的私人消費的擴張，與一個學校、醫院和公共娛樂設施的社會普遍需要之落後。革新與保守主義的方式，已由阿當斯密(Adam Smith)轉變至約瑟史甘培特 (Joseph Schumpeter)，然而衝突在繼續，而教育制度必須加以應付。在任何國家，教育策略的小心與謹慎的改進，是危險地不足應付。正如尼日利亞的「教育投資」(“Investment in Education”) 報告所說：「尼日利亞的教育，在一個時期，必須變成一種國際的事業…………容許任何更謹小慎微的計劃，乃是承認失敗。」史庫滋（Theodore

Schultz)、史洛(Robert Solow)、貝克(Gary Becker)、加布來(J. K. Galbraith)、艾丁(Friedrich Edding)與洛斯托(W. W. Rostow)等人的著作，對於教育制度中的經濟學方面的比較教育研究者，是重要的環結。

技術、科學、衛生與教育

技術所關切者，乃解決問題的創造性，然而，也必須培養適宜於個別文化的適應能力。技術問題，需在一種教育制度中，加以有系統的考查，因爲它構成生活的經緯，人們卽生活於其中。曼福德(Lewis Mumford)的「技術與文明」(Technics and Civilization)與基第安(Siegfried Geideon)的「機械化掛帥」(Mechanization Takes Command)，描述變遷中的技術的影響力，對於人類社會組織的影響。除非公衆人士明白他們所擁有的工具的使用法，及它的可能後果，否則，他們不能作出睿智的決策。自動機械、電子計算機、Cybernetics、火箭、太空船、動力機械與工具，已成爲有力的影響，這些影響力，在基本課程中，正逐漸加以研究。適應能力，是一種文化歷史中，任何技術時代不可分割的一部分，從煤灰的火車，過渡到柴油火車，已改變了交通方式，和勞工的生活方式。Cybernetic的創造力，技術方面的自動機械革命，需要生產方式方面補償的適應。對教育的一些暗示是：減少專門化的職業訓練，增加科學、數學、社會科學與人文科學的一般研究。

依據狄爾台(Dilthey)的建議，科學一詞，必須定義爲一種知識領域，在此領域中，自然科學與人文科學攜手合作。史諾（C. P. Snow)的著名分析「兩種文化與科學革命」（Two Cultures and the Scientific Revolution），描述了將自然科學從人文科學中逐漸分開來的鴻溝。自然科學與人文科學的統一問題，乃是一種重大問題，因爲在此兩種學術中，我們發展研究的理論、方法，以及探討和處理所有主要長期因素所需之工具。歐洲的教育制度，強調一種普通文化陶冶（studium generale and cultural générale)，藉以爲青年統一所有有系統的知識或科學的研究。

衞生經常影響着教育制度。斯巴達人(Spartans)強調體魂的訓練，而雅典人(Athenians)則嘗試培育心身兩者平衡發展的人。在學校及學院內，知識份子與運動員，一直是對照的象徵，然而，現代的趨勢，是平衡知力與體魂。推孟(Terman)對天才的研究，顯示體格的健康，與心智才能的各階段，具有高度的相關係數。技術、都市生活、與國際衝突的影響力，已加強教育制度所面對的衞生問題。在許多國家，已進行着一種由醫藥、公共衞生、心理學、社會學、工程等組成的聯合應付行動。

懷赫德(Alfred North Whitehead)寫道：「每個國家，都在考慮着普通的與專門的教育的平衡問題……目前，我們的教育是，把專門化與一般化的教育聯繫起來。」後來他說：「我們的目的，必須是培養具有文化與某些方面專門知識的人。」對教育制度的研究，顯示出，這種對教育的專門化與一般化的關係，是國家政策的要旨。文明需要人民爲他們職業的專家，同時，又是有知識與合格的公民。關於如何才是最佳的教育策略，以達致一種明智的專門化與一般化的平衡的爭執，正是方興未艾。

二十世紀後半期我們太空探測的開始，強調需要探測太空，作爲一種合作的人類事業，以及同時保持與促進我們自己的地球，作爲所有人類的家園。因之而起地，我們面對一項國際教育的挑戰——文化接觸問題：有建設性的和有創造性的，交換我們各種不同文化形態中的成份。公元一世紀時，沁馬庫(Auintus Aurelius Symmachus)提到我們面對的國際教育的基本問題：

> 我們爲什麼不和平與和諧相處？我們仰視相同的星辰，我們是同一地球上的過客，而且我們同住在相同的天底下。我們在尋求最終的眞理的過程中，各自努力，又有何妨？生存之謎是如此之大，正不必只從一條道路去尋求答案。

通過知識或科學的增長，以及普遍教育的擴展，開拓我們的視野，這給予我們極大的機會，解決每種文化中長期因素的重大問題。

居住在我們地球上的三十萬萬以上的人類，都面對着共同的生存與進步的長期問題。在這個世紀裏，人類最有希望的趨勢之一，是聯合國（United Nations）及它的特別機構，包括糧食與農業組織(Food and Agricultural Organization)、世界衞生組織（World Health Organization）、聯合國教育、科學與文化組織（United Nations Educational, Scientific, and Cultural Organization）(UNESCO：聯合國教科文組織）。著名的聯合國教科文組織序言宣稱：「因爲戰爭導源於人類的思想，我們必須在人類的思想中，建造起和平的保障來。」("Since wars begin in the minds of men, it is in the minds of men that the defences of peace must be constructed.")聯合國教科文組織，堅持人類必須被准許去追求最終的眞理，同時，他們必須要有他們自由交換所發展的思想的媒介物。聯合國教科文組織，爲一個人類文化的多樣化而奮鬪，這是基於對所有文明的尊重，與反對通過武力與劃一而趨向一種特定世界現象的教條。世界性的事業計劃，包括了通過國際會議、出版和書刊及學生的交換，溝通對促進教育、科學與文化的進步思想，加上對發展中地區的技術援助、與消滅文盲的基本教育。在賽茵河(Seine River)南崇，設計美麗的聯合國教科文建築物中，七十個或更多的國家，正合作從事於教育必須面對的長期性問題的工作。布來克(Eugene Black)在普林斯頓大學(Princeton University)他的斯達佛・李德(Stafford Little)講座的第一次講演中，強調共同協商的必要，說：「爲什麼我們必須遵守他（威爾遜(Woodrow Wilson)）稱爲『關於人類共通利益的共同協商的偉大方法』，那是具有很實際的理由的。」

假想世界

每一種文明，都有一個「假想世界」("assumptive world")，這假想世界，約束着它的目標與實施。肯梯爾(Hadley Cantril)如此分析這個概念：「我們所僅知的世界，乃是依我們的假想創造者，藉我們的假想而創造者。就是這個世界，它提供我們環境中的穩定不變；這個世界，供給我們經驗的一致性。而這是一個假想的世界——這個世界，除了我們過去爲增進生活實質的行動經驗外，我們完全不能取獲。」

各個文明一直在互相競爭，目的在求他們的「假想世界」之生存與進步。李普曼（Walter Lippmann）認爲當代世界情況，乃是兩種文明及他們的教育策略之間的一種競爭：

世人動說，劃分兩個世界的鬪爭，乃是爲人類思想與心靈的鬪爭。信哉斯言。只要存在着力量與恐懼的平衡，任何一方面，均不能將它的思想，強加在對方上。我相信，人類思想的鬪爭，尤其不是爲宣傳所能決定。我們不打算改變我們的敵人，而他們也不打算改變我們。這個鬪爭，更不是在可預見的未來時間內能結束。根本上，它是兩個社會之間的一種競爭，而它在我們的歷史經驗中，比起其他東西來，更像是基督教徒（Christendom）與回教（Islam）之間的長時期衝突。現代兩種社會之間的競爭，在發動各自的能力，俾成爲富強，成爲科學與技術的領袖，注意它們的人民得到適當的教育，並能管理這樣的一個社會，使到它們的人民健康，而且給予他們，了解他們是能夠且自由以爲他們最佳理想而工作的快樂。

在世界舞臺上，一種國家形式的效率，胥視其教育制度在它自己的社會中，與它的外在關係的優點而定。在亞洲、非洲和南美洲發展中的地區，要利用它們的力量，求取成長和成功。他們要一種教育上的科學與技術的分享，使到它們可以獲致自恃與尊嚴。這些文化，將會反對把另一種文化置於它們的文化之上。正如世界有着許多國家一樣，向前發展的道路有許許多多，民主國家形式的偉大力量之一，乃是它尊重在其國內與國外的多樣化。多樣化與互助，能幫助世界文明，面對未來的冒險。

中華社會科學叢書

比較教育制度

1912

作　　者／Auther H. Moehlman　著
房漢佳　譯
主　　編／劉郁君
美術編輯／鍾　玟

出 版 者／中華書局
發 行 人／張敏君
副總經理／陳又齊
行銷經理／王新君
地　　址／11494 臺北市內湖區舊宗路二段181巷8號5樓
客服專線／02-8797-8396　　傳　　真／02-8797-8909
網　　址／www.chunghwabook.com.tw
匯款帳號／兆豐國際商業銀行　東內湖分行
067-09-036932　中華書局股份有限公司

法律顧問／安侯法律事務所
製版印刷／百通科技股份有限公司　海瑞印刷品有限公司
出版日期／2017年7月再版
版本備註／據1969年11月初版復刻重製
定　　價／NTD 250

國家圖書館出版品預行編目（CIP）資料

比較教育制度 / H. Moehlman著 ; 房漢佳譯.—再
版. — 臺北市 : 中華書局, 2017.07
面 ; 公分. —（中華社會科學叢書）
ISBN 978-986-94909-1-7(平裝)
1.比較教育 2.教育制度

508　　106008365

NO.F1030
ISBN 978-986-94909-1-7（平裝）

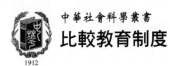